Fraunhofer IFF
Gastvortragsreihe 2006
Virtual Reality – Mensch und Maschine im interaktiven Dialog

Fraunhofer-Institut für
Fabrikbetrieb und -automatisierung IFF

Prof. Dr.-Ing. habil. Michael Schenk (Hrsg.)

Virtual Reality
Mensch und Maschine im interaktiven Dialog

Gastvortragsreihe 2006

Wissenschaftliche Leitung
Dr.rer.nat Eberhard Blümel, Fraunhofer IFF Magdeburg
Prof. Dr.-Ing. habil. Dr. h.c. Ulrich Gabbert, Otto-von-Guericke-Universität Magdeburg
Prof. Dr.-Ing. Karl-Heinrich Grote, Otto-von-Guericke-Universität Magdeburg
Prof. Dr. paed. Klaus Jenewein, Otto-von-Guericke-Universität Magdeburg
Prof. Dr.-Ing. Roland Kasper, Otto-von-Guericke-Universität Magdeburg
Prof. Dr.-Ing. habil. Bernhard Preim, Otto-von-Guericke-Universität Magdeburg
Prof. Dr.-Ing. habil. Michael Schenk, Fraunhofer IFF Magdeburg

Impressum

Fraunhofer-Institut für
Fabrikbetrieb und –automatisierung IFF

Prof. Dr.-Ing. habil. Michael Schenk
Institutsleiter

Sandtorstr. 22
D-39106 Magdeburg

Tel.:   +49 (0) 391/4090 - 0
Fax.:   +49 (0) 391/4090 - 473
Email: info@iff.fraunhofer.de
Internet: http://www.iff.fraunhofer.de

ISBN-10 3-8167-7256-0
ISBN-13 978-3-8167-7256-9

Für den Inhalt der Vorträge zeichnen
die Autoren verantwortlich.

Das Werk einschließlich aller seiner Teile
ist urheberrechtlich geschützt.
Jede Verwendung ist ohne Zustimmung
des Herausgebers unzulässig.

© Fraunhofer-Institut für Fabrikbetrieb
und -automatisierung IFF und Autoren, 2006

Vorwort

Prof. Dr.-Ing. habil. Michael Schenk
Institutsleiter des Fraunhofer IFF

Virtuelle Technologien sind weithin auf dem Vormarsch im industriellen, wirtschaftlichen und wissenschaftlichen Sektor. Die veränderte Marktsituation führen dazu, dass komplexe technische Systeme einen immer kürzeren Lebenszyklus durchlaufen. Die Faktoren Zeit und Kosten spielen dabei nach wie vor eine wichtige Rolle. Genau hier entfaltet sich das Potential der Virtual- und Augmented Reality. Wir sind heute in der Lage, technische Systeme und Anlagen so zu visualisieren, dass sie als „reale" Gegenstücke verwendet werden können. Unschlagbar sind Virtuelle Modelle deshalb im Bereich des Engineerings. Hersteller und Entwickler können schon während der Planungsphase das zukünftige Produkt in voller Lebensgröße begutachten. Darüber hinaus ist es möglich, an diesem Modell Funktionstests durchzuführen. Das spart Kosten und Entwicklungszeit, denn Fehler können schon vor der Herstellungsphase eines Produktes erkannt und beseitigt werden.

Ein andere wichtiger Aspekt von Virtual- und Augmented Reality Lösungen ist die Qualifizierung beziehungsweise Weiterbildung von Personal. Neue Maschinen und neue Systeme erfordern eine schnelle Einarbeitung der Mitarbeiter, um eine effiziente Auslastung der Anlage zu gewährleisten. Diese Maßnahmen erfordern Zeit, Kosten und personellen Mehraufwand. Außerdem ist es wichtig, das Personal nachhaltig und effektiv zu schulen. Hier greift insbesondere die Augmented Reality. Mitarbeiter können beispielsweise ein virtuelles Gegenstück der Maschine mit einer realen Bedienkonsole ansteuern. Somit kann der Umgang mit den komplexen Steuerungssystemen problemlos durchgeführt werden. Technisch hochwertige Maschinen sind sehr anfällig und teuer. Bedienfehler lassen sich daher im virtuellen Raum leichter verkraften als in der Realität. Das ist nicht nur eine Frage der Kosten, sondern auch der Sicherheit.

Die Anwendung dieser virtuellen Zukunftstechnologien zieht sich mittlerweile durch viele verschiedene Branchen. Angefangen von der Automobilindustrie, über Luft- und Raumfahrttechnik bis hin zum Maschinen- und Anlagenbau. Die Medizintechnik konnte auch schon von der Virtual Reality profitieren. Ein neuer Trend zeichnet sich bei öffentlichen beziehungsweise privaten Weiterbildungseinrichtungen ab. Auch dort hat man das Potential von Virtual Reality Lösungen mittlerweile erkannt. Im Rahmen unserer Gastvortragsreihe »Virtual Reality – Mensch und Maschine im Dialog« haben die Referenten auch dieses Jahr wieder gezeigt, wie vielschichtig die Anwendungsgebiete von Virtual- und Augmented heutzutage sind.

Die Gastvortragsreihe am Fraunhofer IFF in enger Kooperation mit der Otto-von-Guericke-Universität Magdeburg ist darauf ausgerichtet, Anwender und Entwickler neuer Technologien aus vielfältigen Branchen miteinander ins Gespräch zu bringen und um einen Dialog über die neuesten Wirtschafts- und Industrietrends zu führen. Ich danke allen Referenten für die Bereitschaft, ihr Wissen und ihre Erfahrungswerte hier im Fraunhofer-Institut Magdeburg zu teilen. Ihre spannenden Präsentationen wurden hier im Tagungsband zusammengefasst. Außerdem möchte ich mich bei meinen Kollegen Dr. Eberhard Blümel, Prof. Ulrich Gabbert, Prof. Karl-Heinrich Grote, Prof. Klaus Jenewein, Prof. Roland Kasper und Prof. Bernhard Preim und für die wissenschaftliche Begleitung während der Vortragsreihe bedanken. Sie haben die Veranstaltung durch ihre ansprechende Moderation und durch die Unterstützung während der Planung in besonderem Maße bereichert. Einen großen Dank möchte ich auch dem Minister für Wirtschaft und Arbeit des Landes Sachsen-Anhalt, Dr. Rainer Haseloff, aussprechen, der die Schirmherrschaft für die 3. Gastvortragsreihe »Virtual Reality – Mensch und Maschine im Dialog« übernommen hat.

Prof. Dr.-Ing. habil. Michael Schenk
Institutsleiter des Fraunhofer IFF
Inhaber des Lehrstuhls Logistische Systeme

Grußwort

Minister für Wirtschaft und Arbeit des Landes Sachsen-Anhalt und Schirmherr der Gastvortragsreihe Virtual Reality 2006 Dr. Rainer Haseloff

Das Bundesland Sachsen-Anhalt entwickelt sich, nicht zuletzt durch das Engagement vom Fraunhofer IFF, immer mehr zu einem Innovations- und High-Tech-Standort. Virtual Reality heißt der Motor, der unsere Region in Zukunft mit antreiben wird. Bahnbrechende Konzepte des VDTC helfen, unsere klein- und mittelständischen Unternehmen international konkurrenzfähig zu machen. Während meiner Amtszeit konnte ich beobachten, wie eng die regionale Wirtschaft hier in Magdeburg mit dem Fraunhofer IFF und der Otto-von-Guericke-Universität zusammen arbeitet. Daraus ergeben sich für beide Seiten, sowohl für die Wirtschaft als auch für die Wissenschaft, bemerkenswerte Synergieeffekte. Innovationen bringen schließlich neue Produkte und Dienstleitungen hervor, die wiederum neue Arbeitsplätze in unserem Land schaffen.

Ein Schlüssel für Innovationen ist unter anderem die interdisziplinäre Kommunikation, also der gegenseitige Austausch von Wissen und Erfahrungen. Nur wer den Mut besitzt, über seinen eigenen Tellerrand zu schauen, kann sich ein Bild vom eigenen Stand und dem der Mitbewerber machen. Der Austausch von Wissen bringt für beide Projektpartner kreative Anregungen mit sich. Das belebt den Wirtschaftsstandort Deutschland.

Deswegen bin ich sehr erfreut, dass das Fraunhofer IFF auch in diesem Jahr wieder eine Gastvortragsreihe zum Thema Virtual Reality ins Leben gerufen hat. Hochkarätige Referenten aus Wissenschaft und Wirtschaft kamen aus ganz Deutschland zu Besuch nach Magdeburg und waren bereit, ihr Wissen mit Interessierten zu teilen. Die Veranstaltung fand auch im Jahr 2006 wieder einen großen Zuspruch. Im Publikum saßen neben Wissenschaftlern und Akademikern aus unterschiedlichen Fachbereichen auch zahlreiche Studenten und Laien. Das zeigt, wie hoch das Interesse an solchen Technologien ist, beziehungsweise wie viel Potenzial in der Virtual und Augmented Reality steckt.

Auf Grund der positiven Resonanz in den letzen Jahren bin ich mir sicher, dass die Gastvortragsreihe „Virtual Reality - Mensch und Maschine im interaktiven Dialog" auch 2007 wieder ein großer Erfolg wird.

Dr. Rainer Haseloff
Minister für Wirtschaft und Arbeit des Landes Sachsen-Anhalt

Inhalt

Wissenschaftliche Leitung....................1
Porträts der Lehrstühle..................3
Porträt des Fraunhofer-Institut für Fabrikbetrieb und -automatisierung IFF....................9

1
Christoph Gümbel, Porsche AG
Leiter Abteilung Virtuelles Fahrzeug

»Wie digitale Prototypen durch Virtual Reality lebendig werden«....................11

2
PD Dr.med. Matthias Pross, DRK Kliniken Berlin Köpenick
Chefarzt

Dr.med. Cora Wex, Otto-von-Guericke-Universität Magdeburg
Klinik für Allgemein- Viszeral- und Gefäßchirurgie
Facharzt

»Operationssimulation und Visualisierung als Beipiele von Virtual Reality Technik in der Viszeralchirurgie«....................65

3
Dr. Norbert Neubauer, Siemens AG Automation & Drives
Director Development e-Solutions & Media

»Simulationstechniken in der Technischen Weiterbildung«....................73

4
Dr. Dieter Langer, EADS Deutschland GmbH Military Air Systems
Projektmanager VR/AR Technologien

»Augmented Reality bei der (Fern) -Wartung von Flugzeugen«....................101

5
Peter Klüger, KUKA Roboter GmbH
Produktmanagement Automotive

»Virtuelle Industrieroboter – vom mechatronischen Entwurf zur Anlagensimulation«....................137

6 Harald Görtz, THALES Defence Deutschland GmbH
Direktor Standort Koblenz-Deutschland
Bereichsleiter Simulation & Defence Services

»Computer Generated Forces (CGF) in der militärischen Führerausbildung«..191

7 *Dr. Jürgen Kränert*, JENOPTIK LDT GmbH
Entwicklungsleiter

»Laserprojektion in virtuellen Welten«……..........................195

Wissenschaftliche Leitung

Porträts der Lehrstühle

Lehrstuhl für Numerische Mechanik
Institut für Mechanik Fakultät für Maschinenbau
Otto-von-Guericke-Universität Magdeburg
Prof. Dr.-Ing. habil. Dr. h.c. Ulrich Gabbert

Lehrstuhl für Konstruktionstechnik
Institut für Maschinenkonstruktion Fakultät für Maschinenbau
Otto-von-Guericke-Universität Magdeburg
Prof. Dr.-Ing. Karl-Heinrich Grote

Lehrstuhl für Fachdidaktik technischer Fachrichtungen
Institut für Berufs- und Betriebspädagogik
Fakultät für Geistes-, Sozial- und Erziehungswissenschaften
Otto-von-Guericke-Universität Magdeburg
Prof. Dr. paed. Klaus Jenewein

Lehrstuhl für Mechatronik
Institut für Moblie Systeme Fakultät für Maschinenbau
Otto-von-Guericke-Universität Magdeburg
Prof. Dr.-Ing. Roland Kasper

Lehrstuhl für Visualisierung
Institut für Simulation und Graphik Fakultät für Informatik
Otto-von-Guericke-Universität Magdeburg
Prof. Dr.-Ing. habil. Bernhard Preim

Lehrstuhl für Logistische Systeme
Institut für Logistik und Materialflusstechnik Fakultät für Maschinenbau
Otto-von-Guericke-Universität Magdeburg
Prof. Dr.-Ing. habil. Michael Schenk

Porträt des Fraunhofer-Institut für Fabrikbetrieb und
–automatisierung IFF

Lehrstuhl für Numerische Mechanik
Institut für Mechanik
Fakultät für Maschinenbau

Prof. Dr.-Ing. habil. Dr. h.c. Ulrich Gabbert

Der Lehrstuhl für Numerische Mechanik befasst sich mit der Untersuchung und Entwicklung numerischer, computerorientierter Methoden (Finite-Element-Methode, Mehrkörperdynamik) sowie der zugehörigen Algorithmen und Berechnungssoftware für die Lösung von ingenieurwissenschaftlichen Problemstellungen, deren physikalisches Verhalten durch adäquate mathematische Modelle beschrieben werden kann. Einer der aktuellen Arbeitsschwerpunkte des Lehrstuhls liegt auf dem Gebiet der ganzheitlichen virtuellen Produktentwicklung, das für die Industrie von großer Bedeutung ist, weil Entwicklungszeiten reduziert und Kosten eingespart werden können. Aktuelle Forschungsschwerpunkte sind:

- Entwicklung von computerorientierten Methoden zur Modellierung, Berechnung und Optimierung intelligenter (adaptiver, smarter) Systeme zur Schwingungs- und Schallreduktion sowie deren Anwendung im Automobilbau, im Maschinenbau, in der Robotik, der Medizintechnik usw.

- Entwicklung von numerischen Methoden zur ganzheitlichen virtuellen Produktentwicklung auf der Basis problemangepaßter Modelle durch Koppelung der Finite-Element-Methode (Mechanik, Elektrik, Temperatur, Akustik, Strömung usw.), der Mehrkörperdynamik und der Regelungstechnik zu einem virtuellen Gesamtmodell.

- Entwicklung von numerischen Methoden für die Berechnung und Optimierung von neuen Materialsystemen aus faser- und partikelverstärkten Kunststoffen und nachwachsenden Rohstoffen sowie die Simulation von biologischen Materialien.

Lehrstuhl für Konstruktionstech
Institut für Maschinenkonstrukt
Fakultät für Maschinenb
Prof. Dr.-Ing. Karl-Heinrich Gr

Der Lehrstuhl befasst sich mit der Weiterentwicklung und Erweiterung der Grundlagen der Konstruktionsmethodik und Untersuchung von Vorgehensweisen zur Ideenfindu Konzeptentwicklung und Produktgestaltung.

Es werden Untersuchungen zur Nutzung des Open-Source-Gedank in der Produktentwicklung vorgenommen, Richtlinien zur Gestaltung Produkten erarbeitet und aktuelle Prozesse in der Produktentsteh betrachtet. Parallel dazu wird erforscht und dokumentiert, wie n Werkzeuge und Technologien im Konstruktionsprozess Unterstütz leisten können.
Aktuelle Forschungsthemen aus dem Gebiet des Explosionsschut und der biomedizinischen Technik sind zukunftsweisend.

Bis zur Markteinführung eines neuen technischen Produktes ist es weiter und oftmals steiniger Weg. Bis es soweit ist, muss jedes n Produkt genauestens durchdacht und überprüft werden, damit se Konstruktion der Anwendung gerecht wird.

Die Konstruktionstechnik ist eine herausfordernde und sich st entwickelnde Berufstätigkeit für Ingenieure mit gu Einstiegsmöglichkeiten in die Praxis.

**Lehrstuhl für
Fachdidaktik technischer Fachrichtungen
Institut für Berufs- und Betriebspädagogik
Fakultät für Geistes-, Sozial- und
Erziehungswissenschaften
Prof. Dr. paed. Klaus Jenewein**

Der Lehrstuhl „Fachdidaktik technischer Fachrichtungen" ist zuständig für die didaktische Ausbildung von betrieblichen Fach- und Führungskräften und von Lehrkräften an berufsbildenden Schulen in den technischen Fachrichtungen Bau-, Elektro- und Metalltechnik. Neue Aufgabenbereiche betreffen konsekutive Bachelor- und Masterstudiengänge, die gemeinsam mit den ingenieurwissenschaftlichen Fakultäten ausgestaltet werden und auch neue Fächer wie z. B. IT, Automatisierungstechnik/Mechatronik und Medientechnik umfassen. Hier können Studierende der Otto-von-Guericke-Universität Masterabschlüsse für betriebliche Berufsbildung und Berufsbildungsmanagement sowie International Vocational Education erwerben und Auslandsstudien in Partneruniversitäten absolvieren. Internationale Kooperationen bestehen mit Hochschulstandorten in China, Estland, Großbritannien, Lettland, Litauen, Österreich und Vietnam.

Das Forschungsprofil ist durch die Modellversuchsforschung und die internationale Berufsbildung geprägt. Aktuelle Vorhaben betreffen u. a.
- die Entwicklung moderner Ausbildungsformen in den Metallberufen,
- neue Lernangebote in der beruflichen Weiterbildung zum Industriemeister und zum Technischen Fachwirt,
- die Entwicklung von Trägernetzwerken für den beruflichen Bildungsbereich,
- die Förderung von Kompetenzen zur nachhaltigen Entwicklung in industriellen Produktionsprozessen und
- die Erforschung von Lernprozessen in realen und virtuellen Arbeitssystemen.

Prof. Jenewein ist zugleich Leiter des gemeinsam mit dem Fraunhofer IFF Magdeburg getragenen Kompetenzzentrums „Technologie und Training", geschäftsführender Direktor des Instituts für Berufs- und Betriebspädagogik der Otto-von-Guericke-Universität Magdeburg und Sprecher der Arbeitsgemeinschaft Gewerblich-technische Wissenschaften und ihre Didaktiken (GTW) in der Gesellschaft für Arbeitswissenschaft e. V.

Lehrstuhl für Mechatro
Institut für Mobile Syste
Fakultät für Maschinenb
Prof. Dr.-Ing. Roland Kas

Der Lehrstuhl für Mechatronik konzentriert sich auf die Synth mechanischer, elektronischer und informationsverarbeiten Komponenten zu neuartigen Produkten, die sich durch höh Funktionalität, Flexibilität und Qualität auszeichnen. Wesentli Aufgaben sind die Bündelung und Aufbereitung des dazu notwendig interdisziplinären Wissens u.a. in leistungsfähi Entwicklungswerkzeugen, um Erforschung, Entwicklung, Herstellung Test mechatronischer Systeme zu unterstützen und zu verbess Methodische Basis bildet eine ganzheitliche Betracht mechatronischer Systeme bei der Modellierung, Simulation, Entw Optimierung und Experiment zusammenfließen. Schwerpunkte Forschung und Lehre sind u.a.:

- Modellbildung und Echtzeitsimulation komplexer mechatronisc Systeme, Hardware-in-the-Loop Simulation und Test,

- Rechnerunterstützter Entwurf mechatronischer Systeme, Vir Prototyping,

- Piezoaktoren und strukturierte Piezokeramiken in der Antrie Fluid- und Medizintechnik, Aktoren für adaptive mechanis Systeme,

- Realisierung mechatronischer Informationsverarbeitungs-komponenten, Regelung und Signalverarbeitung mit programmierbaren Logikbausteinen, rekonfigurierbare Systeme.

Lehrstuhl für Visualisierung
Institut für Simulation und Graphik
Fakultät für Informatik
Prof. Dr.-Ing. habil. Bernhard Preim

Der Lehrstuhl für Visualisierung ist für die grundlegenden Lehrveranstaltungen in den Bereichen Mensch-Computer-Interaktion und computergestützter Visualisierung verantwortlich und bietet darüber hinaus spezielle Veranstaltungen mit Bezug zur Medizin an.

Die Forschungsaktivitäten betreffen grundlegende Fragen der medizinischen Visualisierung, wie die Exploration von zeitveränderlichen CT- bzw. MRT-Daten, die Rekonstruktion von Oberflächenmodellen aus medizinischen Volumendaten, die hochwertige Visualisierung anatomischer Baumstrukturen und die Weiterentwicklung illustrativer Darstellungstechniken. Die grundlegenden Techniken werden anhand konkreter Fragen der bildbasierten Diagnostik sowie der bildgestützten medizinischen Ausbildung und Therapieplanung genutzt, klinisch erprobt und weiterentwickelt. Beispiele dafür sind die Computerunterstützung für die Planung HNO-chirurgischer Eingriffe, die Entwicklung eines Trainingssystems für leberchirurgische Eingriffe, die Diagnostik der koronaren Herzkrankheit sowie spezielle Visualisierungen zur Unterstützung rechtsmedizinischer und sportmedizinischer Fragestellungen. Besonders interessant und herausfordernd ist dabei jeweils, eine ausreichend genaue Vorstellung der klinischen Arbeitsweise und der resultierenden Anforderungen zu entwickeln.

Lehrstuhl für Logistische Syste
Institut für Logistik und Materialflusstech
Fakultät für Maschinenb
Prof. Dr.-Ing. habil. Michael Sche

Der Lehrstuhl für Logistische Systeme legt seinen Arbeitsschwerpu auf die Erforschung und Untersuchung von Methoden und Instrumen zur ganzheitlichen Konzeption, Koordination und Kontrolle v Kapazitäten, Material- und Informationsflüssen in komplexen logistisch Systemen. Ziel der Forschung ist, die Aktivitäten Wertschöpfungsketten so zu gestalten, dass der individu Kundenwunsch mit effizientem Ressourceneinsatz erfüllt wird.
Besondere Berücksichtigung finden die Problemfelder der

- Logistikorientierte(n) Fabrikplanung und -betrieb
- Modellierung und Simulation von Beschaffungs-, Produktions- ur Distributionsnetzwerken,
- Entwicklung von Methoden und Werkzeugen zur Bewertung, Planung und Gestaltung von Logistiknetzwerken,
- Einsatz von adäquaten VR- Modellen und Werkzeugen für Planu und Betrieb von Logistiksystemen,
- Steuerung von heterogenen Logistikströmen mit mobilen Test- u Analysewerkzeugen,
- Mensch- Maschine- Mensch Schnittstelle in der digitalen Fabrik,
- Interaktive Ausbildungs- und Trainingskonzepte zur Qualifizierur logistischer Systeme zum Beispiel mit haptischen Planspielen ur VR-basiertem Training.

Der Leiter des Lehrstuhls Logistische Systeme und des Instituts Logistik und Materialflusstechnik, Prof. Dr.-Ing. habil. Michael Schenk zugleich Institutsleiter des Fraunhofer-Instituts für Fabrikplanung -automatisierung IFF und der Ideenvater des VDTC - Vir Development and Training Centre.

Fraunhofer-Institut für Fabrikbetrieb und –automatisierung IFF

Prof. Dr.-Ing. habil. Michael Schenk, Institutsleiter
Dr.rer.nat. Eberhard Blümel, Hauptabteilungsleiter Virtuelle Entwicklung und Training

Das Fraunhofer-Institut für Fabrikbetrieb und -automatisierung IFF ist ein eigenständiges Institut der Fraunhofer-Gesellschaft und kooperiert am Standort Magdeburg eng mit der Otto-von-Guericke-Universität. Zu den Kunden gehören öffentliche Auftraggeber, internationale Industrieunternehmen, Unternehmen der klein- und mittelständischen Wirtschaft sowie Dienstleister. Das Fraunhofer IFF forscht und entwickelt anwendungsorientiert auf den Gebieten

- Logistiksysteme und -netze
- Virtuelle Entwicklung und Training
- Automatisierung
- Produktions- und Anlagenmanagement.

Die Schwerpunkte der Hauptabteilung Virtuelle Entwicklung und Training sind auf die angewandte Forschung auf den Gebieten des Einsatzes von Virtual Reality und Simulation zur Entwicklung von prozessbegleitenden Dienstleistungen entlang der Wertschöpfungskette ihrer Kunden fokussiert. Auf der Basis digitaler Produkt- und Prozessmodelle werden diese Techniken für die Schaffung virtueller Entwicklungs-, Test- und Trainingsplattformen eingesetzt. Auf diesen Plattformen können Produkte kundenspezifisch gestaltet, optimiert und ihr Einsatz unter realitätsnahen Bedingungen getestet werden. Virtuelle Trainingssyteme ermöglichen die Qualifizierung von Montage-, Bedien- und Servicepersonal schon bevor diese Produkte physisch existieren. Diese Leistungen werden nicht zur Verwendung in High-End-VR-Umgebungen entwickelt. Mobile Endgeräte ermöglichen auch die Bereitstellung von virtuellen Bedienanleitungen und interaktiven Produktdokumenten direkt am Einsatzort.
Mit dem im Magdeburger Wissenschaftshafen entstandenen Virtual Development and Training Centre VDTC wird dieses Dienstleistungsangebot insbesondere auf die Anforderungen für kleine und mittelständische Unternehmen aus den Branchen Automobilbau, Maschinen- und Anlagenbau, Flugzeugbau und Medizintechnik ausgerichtet.

Vortrag	1

Christoph Gümbel
Porsche AG
Abteilungsleiter Virtuelles Fahrzeug

»Wie digitale Prototypen durch Virtual Reality lebendig werden«

Christoph Gümbel

Lebenslauf

Jahrgang 1951

Bei der Porsche AG seit 1979
Zunächst als Softwareentwickler im Bereich
Prüfstandsautomatisierung. Danach Leitung
mehrerer Projekte.

1989 - 1992 1989 Übernahme der Fachabteilung
Systemtechnik. Ein Jahr später Leitung der
technischen Datenverarbeitung. 1992
Leitung des Rechenzentrums in
Zuffenhausen.

1993 - 2005 Von 1993 bis 2005 verantwortlich für die
zentrale technische Berechnung im
Entwicklungszentrum in Weissach.

Seit 2005 verantwortlich für die im Zuge der verstärkten
Aktivitäten auf dem Gebiet der virtuellen
Entwicklung neu geschaffenen Abteilung
„virtuelles Fahrzeug" Zusätzlich seit 2003
verantwortlich für die Koordination der CAx -
Aktivitäten innerhalb des F&E Ressorts.

Zusammenfassung

Bei der Fahrzeugentwicklung ist der Einsatz moderner Visualisierungsmöglichkeiten ein Baustein zur Entwicklungszeitverkürzung und Reifegraderhöhung. Er steigert die Effizienz des Einsatzes von CAE Methoden.

Seit mehr als 8 Jahren werden klassische VR Methoden im Entwicklungsbereich der Firma Porsche angewendet. Der vorliegende Beitrag beschreibt die Anwendung der verschiedenen Darstellungsmöglichkeiten virtueller Prototypen und den Aufwand ihrer Nutzung.

Zunächst werden die Schnittstellen (Sinne) zwischen Computer und Mensch beschrieben, die zur Darstellung angewendet werden können. Die Stufen der Darstellung von der einfachen Wertetabelle über die stereoskopische Darstellung von Berechnungsergebnissen bis hin zur Haptik, jeweils mit Bezug auf die Effizienz der Anwendung, werden gezeigt.

Der Autor stellt die virtuellen Prototypen, deren Einsatz im Produktentstehungsprozess und die High-End Anwendungen anhand ausgewählter Beispiele der Dr. Ing. h.c. F. Porsche AG vor.

PORSCHE

3. Gastvortragsreihe

Virtual Reality - Mensch und Maschine im interaktiven Dialog

Magdeburg, 25. Oktober 2006

Wie digitale Prototypen durch VR lebendig werden

Christoph Gümbel
Dr. Ing. h.c. F. Porsche AG

PORSCHE

Inhalt

Das Unternehmen Porsche

Definition VR

Darstellungsmöglichkeiten

Die Digitalen Prototypen

Wann brauche ich was?

Datenflüsse

Beispiele

VR-Infrastruktur

Zusammenfassung

Wie digitale Prototypen durch VR lebendig werden

Wer wir sind:

Hersteller von Sportwagen und SUV's im Premiumsegment mit im Vergleich zu anderen OEM's kleinen Stückzahlen und großer Variantenvielfalt

Engineering Service Provider für anspruchsvolle Aufgabenstellungen mit Schwerpunkt Fahrzeugtechnik

Wie digitale Prototypen durch VR lebendig werden

Wichtige Kennzahlen

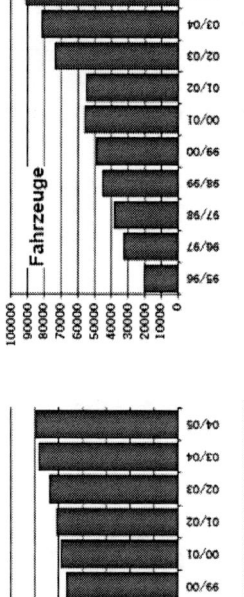

Fahrzeuge

Mitarbeiter

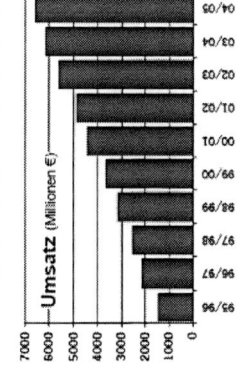

Umsatz (Millionen €)

Wie digitale Prototypen durch VR lebendig werden

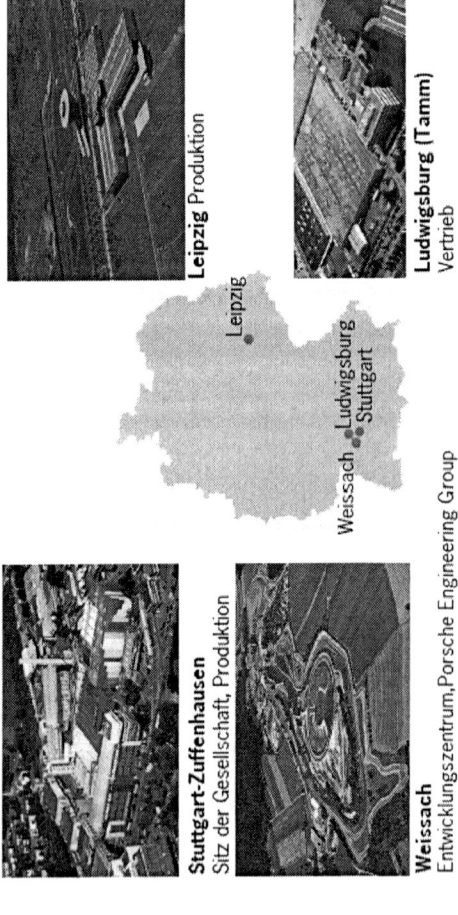

PORSCHE

Inhalt

Das Unternehmen Porsche

Definition VR

Darstellungsmöglichkeiten

Die Digitalen Prototypen

Wann brauche ich was?

Datenflüsse

Beispiele

VR-Infrastruktur

Zusammenfassung

Wie digitale Prototypen durch VR lebendig werden

PORSCHE

Die Beherrschung des digitalen Entwicklungsprozesses gehört zu den wettbewerbsrelevanten Herausforderungen

Zukünftige Herausforderungen in der Fahrzeugentwicklung	Steigender Anteil der Elektrik, Elektronik und Informatik
	Globalisierung und Erschließung neuer Märkte
	Zunahme der Modellvielfalt
	Kostendruck
	Individuellere Fahrzeuge (Komfort, Sicherheit etc.)
	Zunehmende Bedeutung moderner Entwicklungstools wie etwa VR, CAE, Simulationswerkzeuge und dergleichen
	Vermehrte Konzentration auf die Endkunden

Quelle: Fraunhofer Institut IPA: Automobilentwicklung in Deutschland - wie sicher in die Zukunft? Chancen, Potenziale und Handlungsempfehlungen für 30 Prozent mehr Effizienz

Wie digitale Prototypen durch VR lebendig werden

PORSCHE

Was ist VR ?
Der Begriff VirtualReality (VR) wird unterschiedlich definiert und interpretiert

Als Virtuelle Realität (VR) wird die Darstellung und gleichzeitige Wahrnehmung der Wirklichkeit und ihrer physikalischen Eigenschaften in einer in **Echtzeit** computergenerierten Virtuellen Umgebung bezeichnet.

Virtual Reality ist eine vom Computer geschaffene, **interaktive, dreidimensionale** Umwelt, in die eine Person eintaucht.

Computersimulierte Welten, in denen sich der Anwender am Computerbildschirm oder mit Hilfe einer **speziellen Brille** und/oder eines **sensorischen Handschuhs** (DataGlove) frei bewegen kann.

Als **Virtuelle Realität** (VR) wird die Darstellung und gleichzeitige Wahrnehmung der Wirklichkeit und ihrer physikalischen Eigenschaften in einer in Echtzeit computergenerierten Virtuellen Umgebung bezeichnet.

Einige sagen, VR benötigt einen **Head-Mounted Display** (HMD) und Datenhandschuhe (data gloves, electronic goves).

Der Benutzer sollte in eine VR mit geeigneten **Mensch-Computer Schnittstellengeräten** eintauchen können.

Eine computergenerierte Simulation einer **3D Umgebung** in welcher der Benutzer die Bestandteile dieser Umgebung sehen und manipulieren kann.

Wie digitale Prototypen durch VR lebendig werden

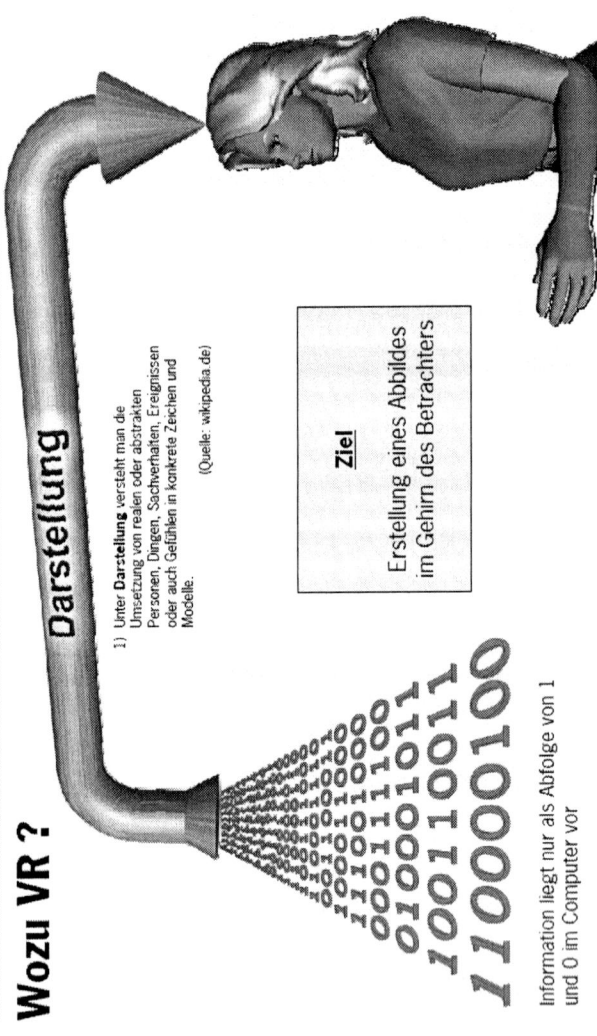

PORSCHE

Wozu VR?

Darstellung

1) Unter **Darstellung** versteht man die Umsetzung von realen oder abstrakten Personen, Dingen, Sachverhalten, Ereignissen oder auch Gefühlen in konkrete Zeichen und Modelle.
(Quelle: wikipedia.de)

Ziel

Erstellung eines Abbildes im Gehirn des Betrachters

Information liegt nur als Abfolge von 1 und 0 im Computer vor

Wie digitale Prototypen durch VR lebendig werden

PORSCHE

Wie?
Die Sinne sind die Schnittstelle zwischen Umwelt und Mensch

- sehen
- hören
- riechen
- schmecken
- fühlen
- Gleichgewicht

Für die numerische Simulation sind vier der sechs Sinneswahrnehmungen wichtig

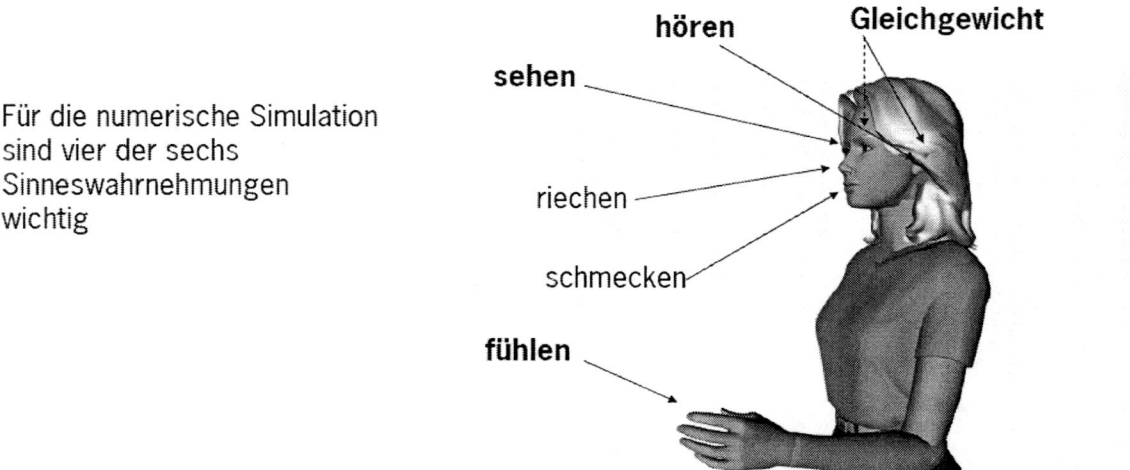

Wie digitale Prototypen durch VR lebendig werden

PORSCHE

Inhalt

Das Unternehmen Porsche

Definition VR

Darstellungsmöglichkeiten

Die Digitalen Prototypen

Wann brauche ich was?

Datenflüsse

Beispiele

VR-Infrastruktur

Zusammenfassung

Wie digitale Prototypen durch VR lebendig werden

PORSCHE

Darstellung im Wandel der Zeit

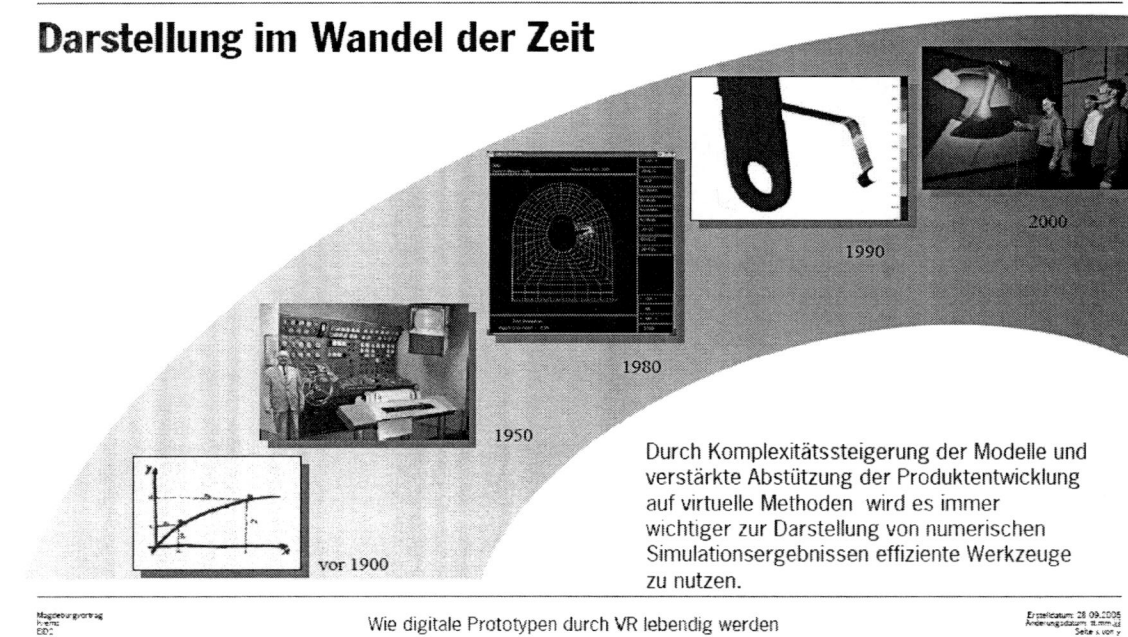

vor 1900 — 1950 — 1980 — 1990 — 2000

Durch Komplexitätssteigerung der Modelle und verstärkte Abstützung der Produktentwicklung auf virtuelle Methoden wird es immer wichtiger zur Darstellung von numerischen Simulationsergebnissen effiziente Werkzeuge zu nutzen.

Wie digitale Prototypen durch VR lebendig werden

PORSCHE

Darstellungmöglichkeiten und Anwendungshäufigkeit

Wie wird Darstellung heute verwendet?

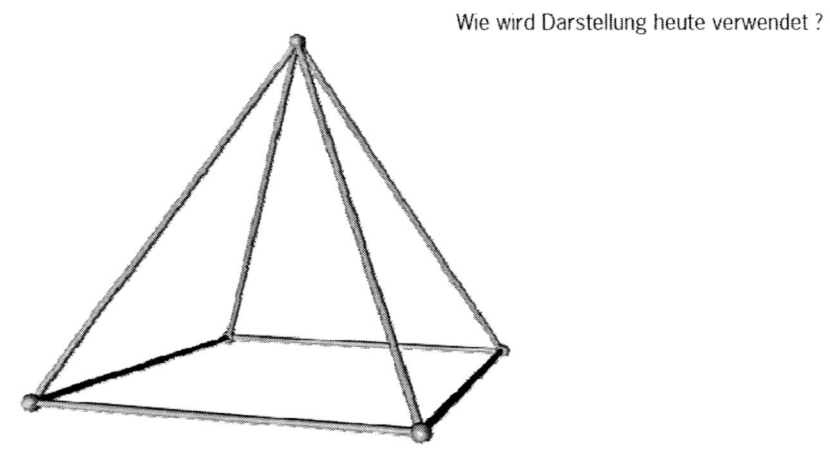

Wie digitale Prototypen durch VR lebendig werden

PORSCHE

Darstellungspyramide

Wie wird Darstellung heute verwendet?

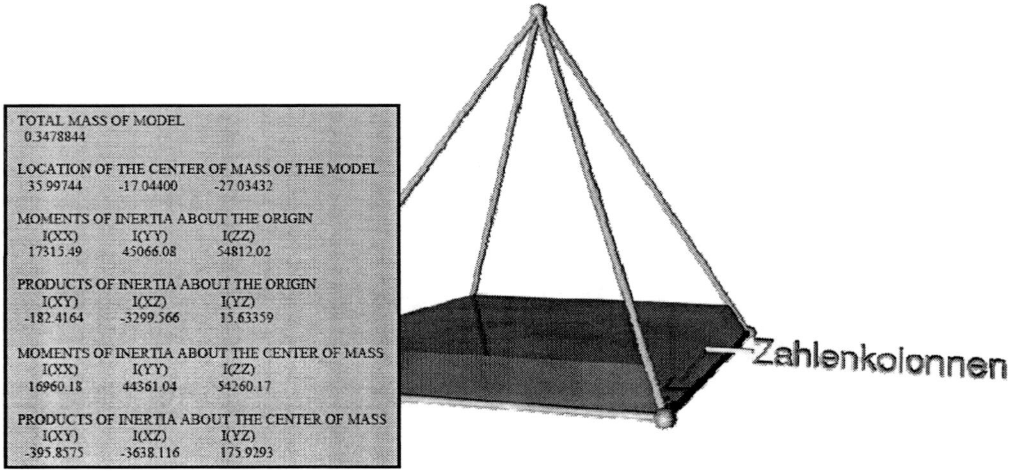

```
TOTAL MASS OF MODEL
 0.3478844

LOCATION OF THE CENTER OF MASS OF THE MODEL
  35.99744      -17.04400      .27.03432

MOMENTS OF INERTIA ABOUT THE ORIGIN
  I(XX)         I(YY)          I(ZZ)
  17315.49      45066.08       54812.02

PRODUCTS OF INERTIA ABOUT THE ORIGIN
  I(XY)         I(XZ)          I(YZ)
  -182.4164     -3299.566      15.63359

MOMENTS OF INERTIA ABOUT THE CENTER OF MASS
  I(XX)         I(YY)          I(ZZ)
  16960.18      44361.04       54260.17

PRODUCTS OF INERTIA ABOUT THE CENTER OF MASS
  I(XY)         I(XZ)          I(YZ)
  -395.8575     -3638.116      175.9293
```

— Zahlenkolonnen

Wie digitale Prototypen durch VR lebendig werden

PORSCHE

Darstellungspyramide

Wie wird Darstellung heute verwendet ?

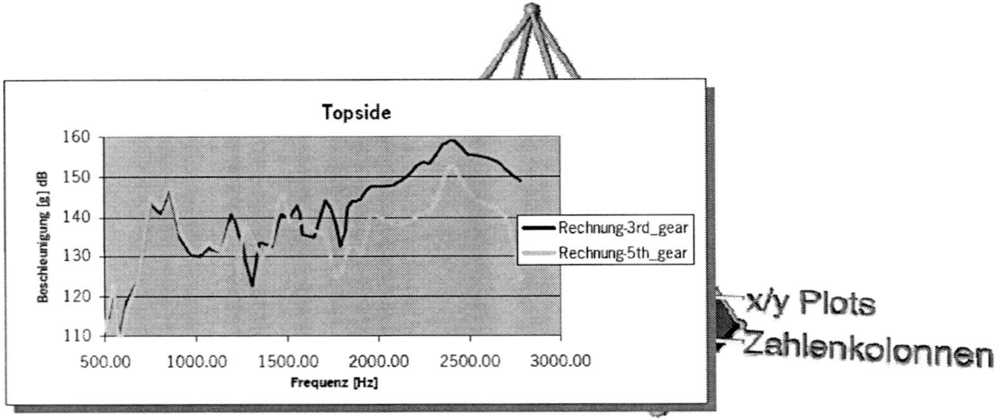

Topside
— Rechnung-3rd_gear
····· Rechnung-5th_gear

x/y Plots
Zahlenkolonnen

Wie digitale Prototypen durch VR lebendig werden

PORSCHE

Darstellungspyramide

Wie wird Darstellung heute verwendet ?

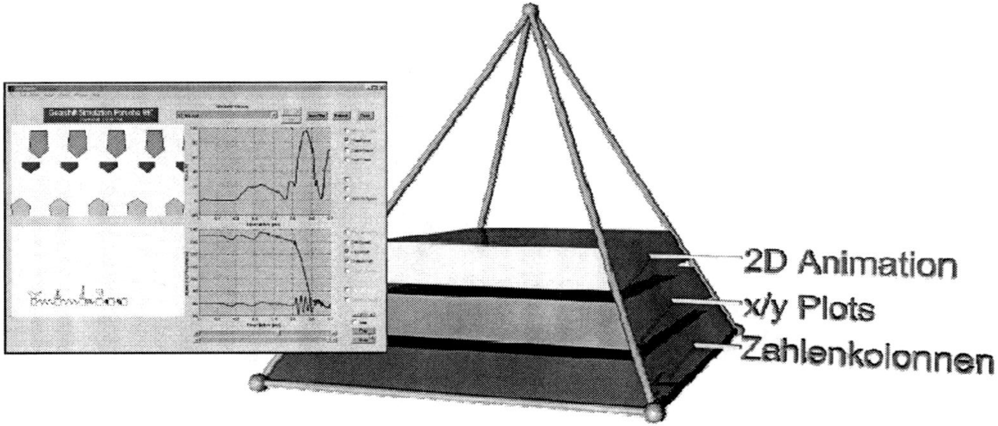

- 2D Animation
- x/y Plots
- Zahlenkolonnen

Wie digitale Prototypen durch VR lebendig werden

Darstellungspyramide

Wie wird Darstellung heute verwendet ?

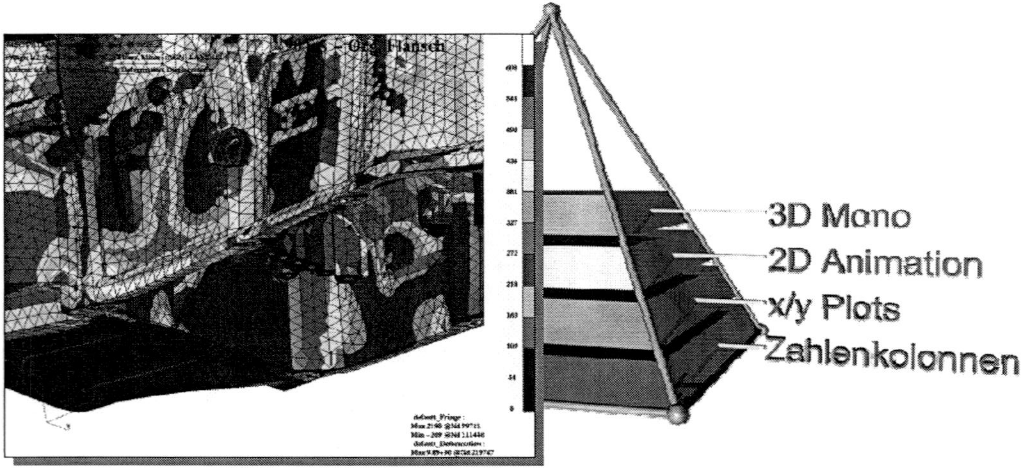

- 3D Mono
- 2D Animation
- x/y Plots
- Zahlenkolonnen

Wie digitale Prototypen durch VR lebendig werden

PORSCHE

Darstellungspyramide

Wie wird Darstellung heute verwendet ?

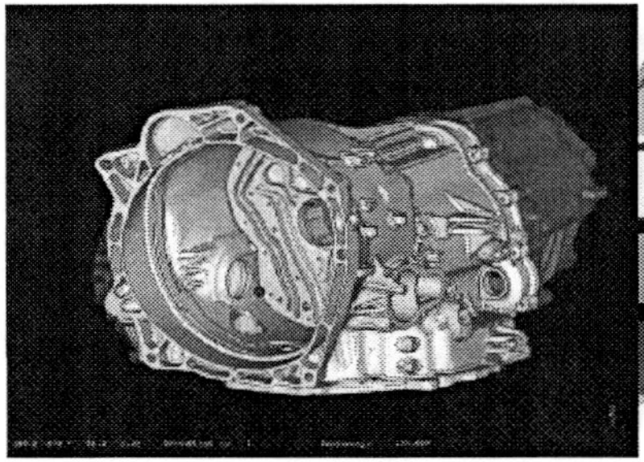

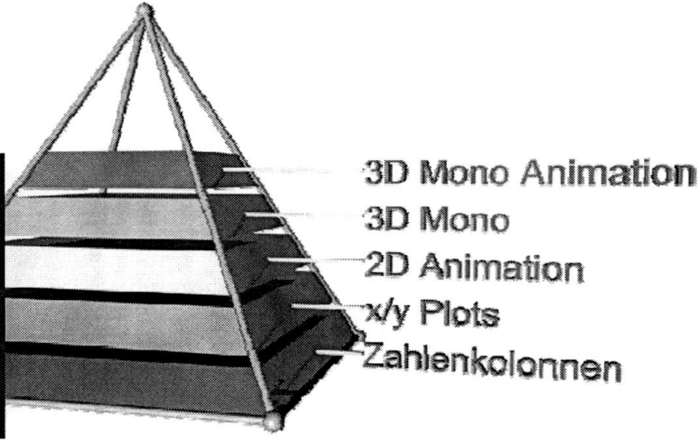

- 3D Mono Animation
- 3D Mono
- 2D Animation
- x/y Plots
- Zahlenkolonnen

Wie digitale Prototypen durch VR lebendig werden

PORSCHE

Darstellungspyramide

Wie wird Darstellung heute verwendet ?

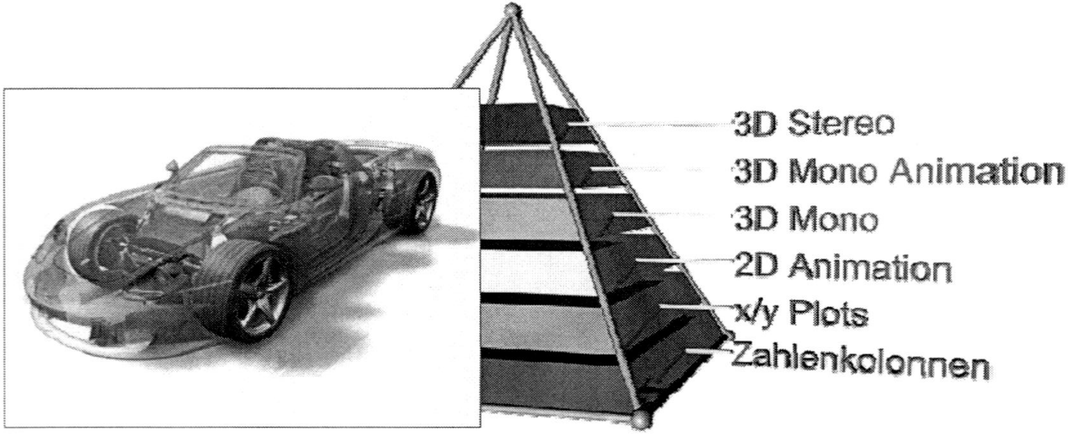

- 3D Stereo
- 3D Mono Animation
- 3D Mono
- 2D Animation
- x/y Plots
- Zahlenkolonnen

Wie digitale Prototypen durch VR lebendig werden

PORSCHE

Darstellungspyramide

Wie wird Darstellung heute verwendet ?

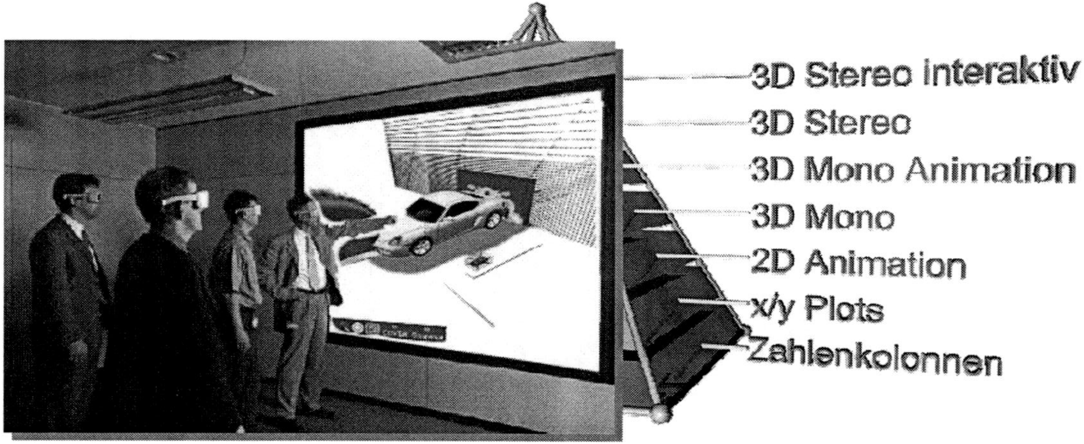

- 3D Stereo Interaktiv
- 3D Stereo
- 3D Mono Animation
- 3D Mono
- 2D Animation
- x/y Plots
- Zahlenkolonnen

Wie digitale Prototypen durch VR lebendig werden

PORSCHE

Darstellungspyramide

Wie wird Darstellung heute verwendet ?

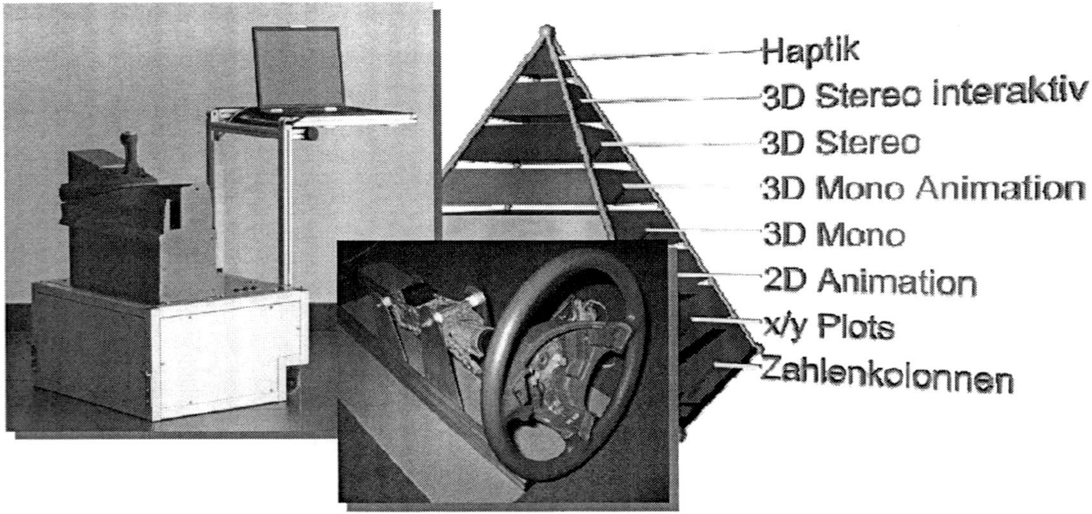

- Haptik
- 3D Stereo interaktiv
- 3D Stereo
- 3D Mono Animation
- 3D Mono
- 2D Animation
- x/y Plots
- Zahlenkolonnen

Wie digitale Prototypen durch VR lebendig werden

34

PORSCHE

Inhalt

Das Unternehmen Porsche

Definition VR

Darstellungsmöglichkeiten

Die Digitalen Prototypen

Wann brauche ich was?

Datenflüsse

Beispiele

VR-Infrastruktur

Zusammenfassung

Wie digitale Prototypen durch VR lebendig werden

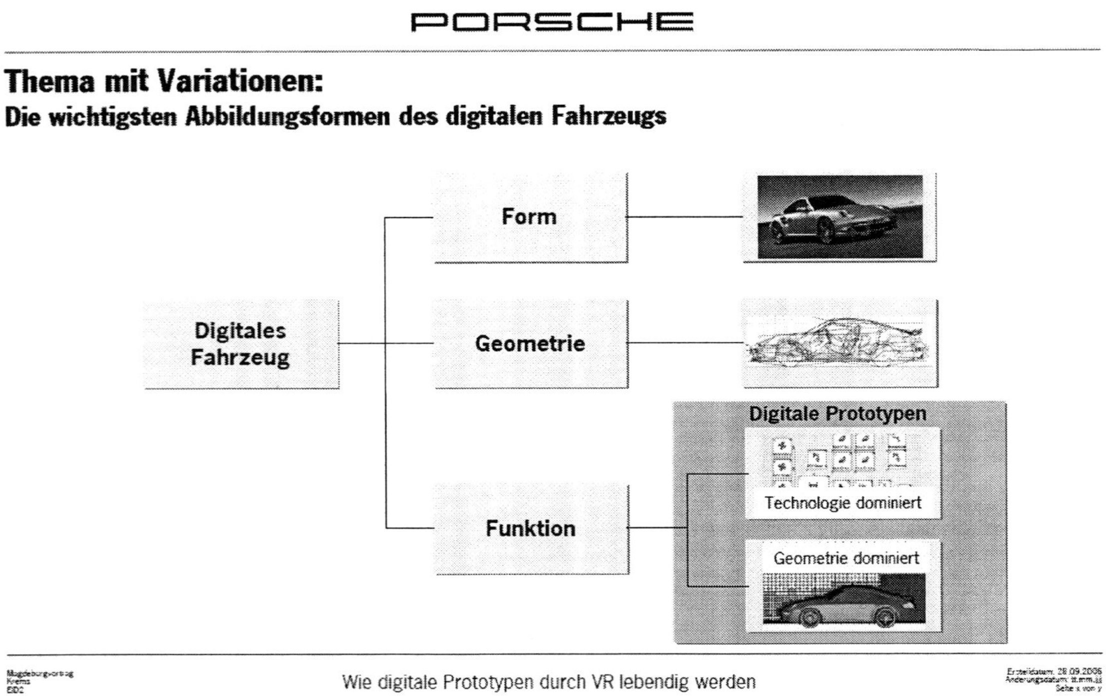

PORSCHE

Thema mit Variationen:
Die wichtigsten Abbildungsformen des digitalen Fahrzeugs

- Digitales Fahrzeug
  - Form
  - Geometrie
  - Funktion
    - Digitale Prototypen
      - Technologie dominiert
      - Geometrie dominiert

Wie digitale Prototypen durch VR lebendig werden

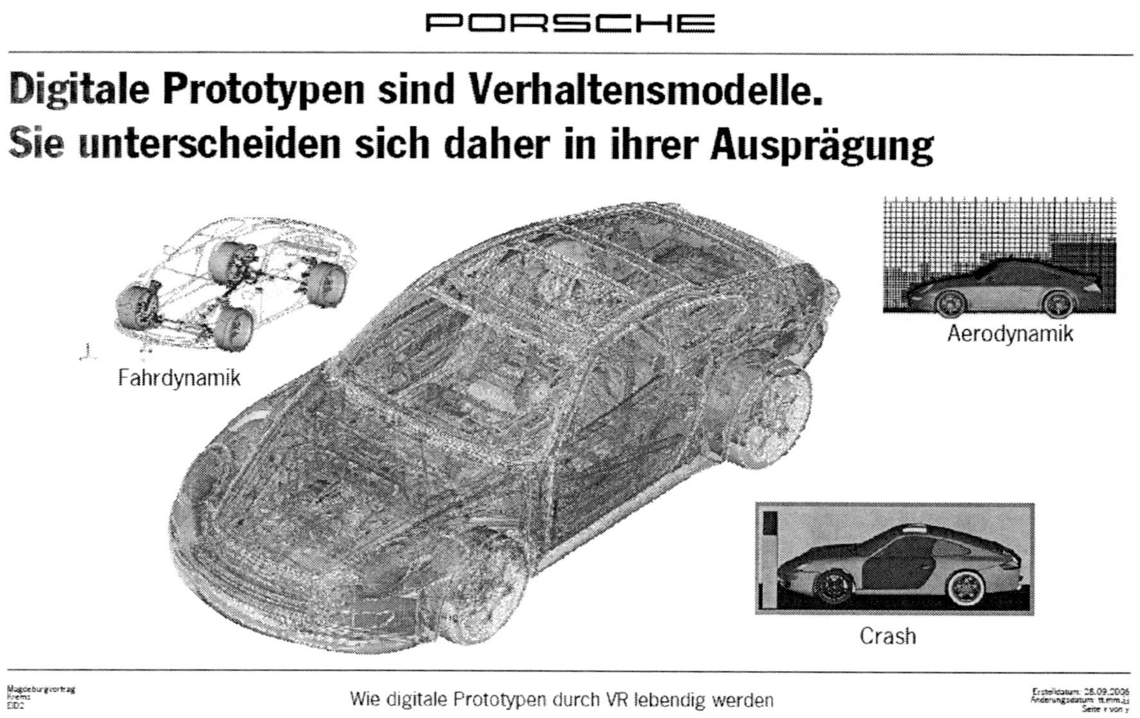

PORSCHE

Digitale Prototypen sind Verhaltensmodelle.
Sie unterscheiden sich daher in ihrer Ausprägung

Aerodynamik

Crash

Fahrdynamik

Wie digitale Prototypen durch VR lebendig werden

PORSCHE

Die Anforderungen an die Visualisierung steigen mit zunehmender Dominanz der Geometriedaten

- CFD
- FEM
- eMKS
- MKS
- Block-modellierer

Geometriedaten / Technologiedaten

Anforderungen an Visualisierung

Wie digitale Prototypen durch VR lebendig werden

PORSCHE

Die digitalen Prototypen bilden die Grundlage für die rechnerische Simulation.

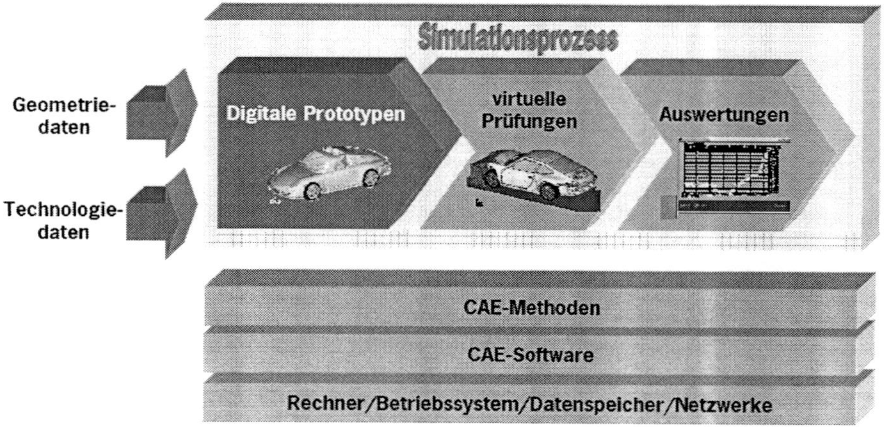

Simulationsprozess
- Digitale Prototypen
- virtuelle Prüfungen
- Auswertungen

- Geometriedaten
- Technologiedaten

- CAE-Methoden
- CAE-Software
- Rechner/Betriebssystem/Datenspeicher/Netzwerke

Wie digitale Prototypen durch VR lebendig werden

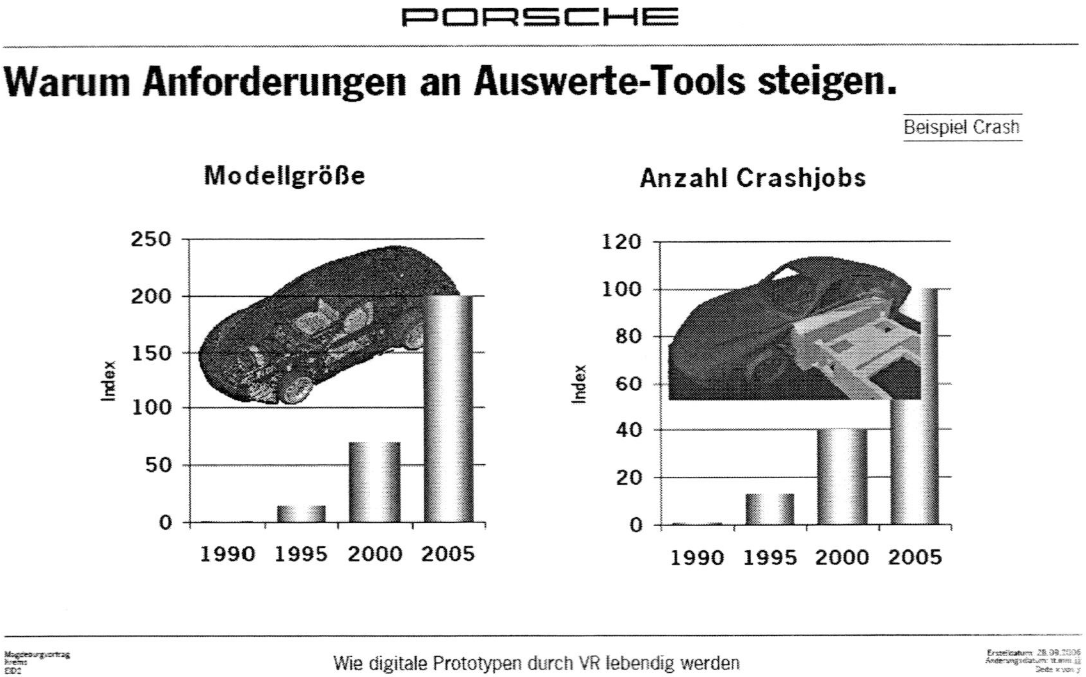

PORSCHE

Warum Anforderungen an Auswerte-Tools steigen.

Beispiel Crash

Modellgröße

Anzahl Crashjobs

Wie digitale Prototypen durch VR lebendig werden

40

PORSCHE

Der Faktor Zeit spielt auch bei der Auswertung eine wesentliche Rolle

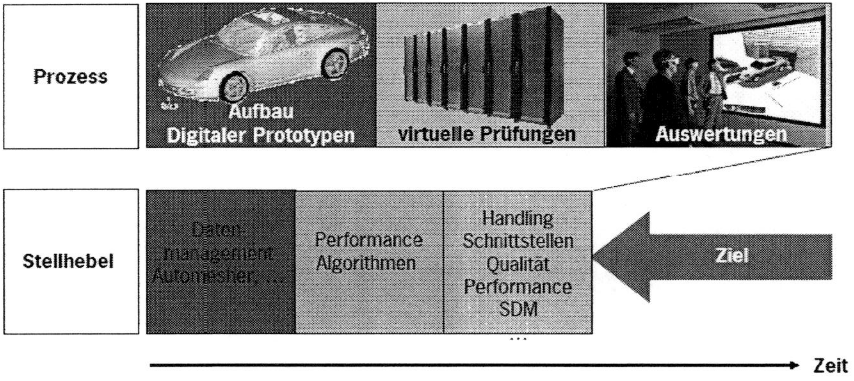

Prozess	Aufbau Digitaler Prototypen	virtuelle Prüfungen	Auswertungen

Ziel

Stellhebel	Daten management Automatisier,...	Performance Algorithmen	Handling / Schnittstellen / Qualität / Performance / SDM

→ Zeit

Wie digitale Prototypen durch VR lebendig werden

PORSCHE

14 unterschiedliche digitale Prototypen:
Zur Funktionsauslegung und Absicherung.

1. Regelsystem-Gesamtfzg.-Modell
2. MKS-Gesamtfzg.-Modell
3. TrimmedBody-Modell
4. e-MKS-Modell
5. NVH-Akustik-Modell
6. Fahrleistungs-Verbrauchs-Modell
7. CFD-Gesamtfzg.-Modell
8. Thermal-Gesamtfzg.-Modell
9. Crash-Gesamtfzg.-Modell
10. Steifigkeitsmodell
11. Fußgängerschutz
12. Madymomodell
13. FMH/Greenhouse
14. Betriebsfestigkeit

Wie digitale Prototypen durch VR lebendig werden

PORSCHE

Inhalt

Das Unternehmen Porsche

Definition VR

Darstellungsmöglichkeiten

Die Digitalen Prototypen

Wann brauche ich was?

Datenflüsse

Beispiele

VR-Infrastruktur

Zusammenfassung

Wie digitale Prototypen durch VR lebendig werden

PORSCHE

Wann brauche ich was ?

Der Grad der Informationsübermittlung zur Beschreibung eines Sachverhaltes ist abhängig von

- Komplexität der Ergebnisse
- Fachwissen des Betrachters

→ Der Experte interpoliert durch sein Know-How die fehlenden Informationen

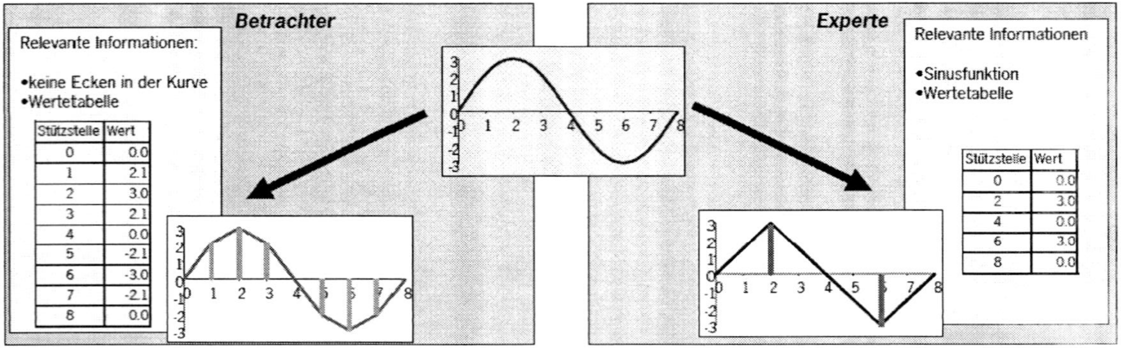

Betrachter

Relevante Informationen:
- keine Ecken in der Kurve
- Wertetabelle

Stützstelle	Wert
0	0.0
1	2.1
2	3.0
3	2.1
4	0.0
5	-2.1
6	-3.0
7	-2.1
8	0.0

Experte

Relevante Informationen:
- Sinusfunktion
- Wertetabelle

Stützstelle	Wert
0	0.0
2	3.0
4	0.0
6	3.0
8	0.0

Wie digitale Prototypen durch VR lebendig werden

PORSCHE

Wann brauche ich was ?

$$\text{Effizienz} = \frac{\text{Nutzen}}{\text{Aufwand}} = \frac{\text{Produkt, Prozess}}{\text{Ressourcen (Manpower, Hardware, ...)}}$$

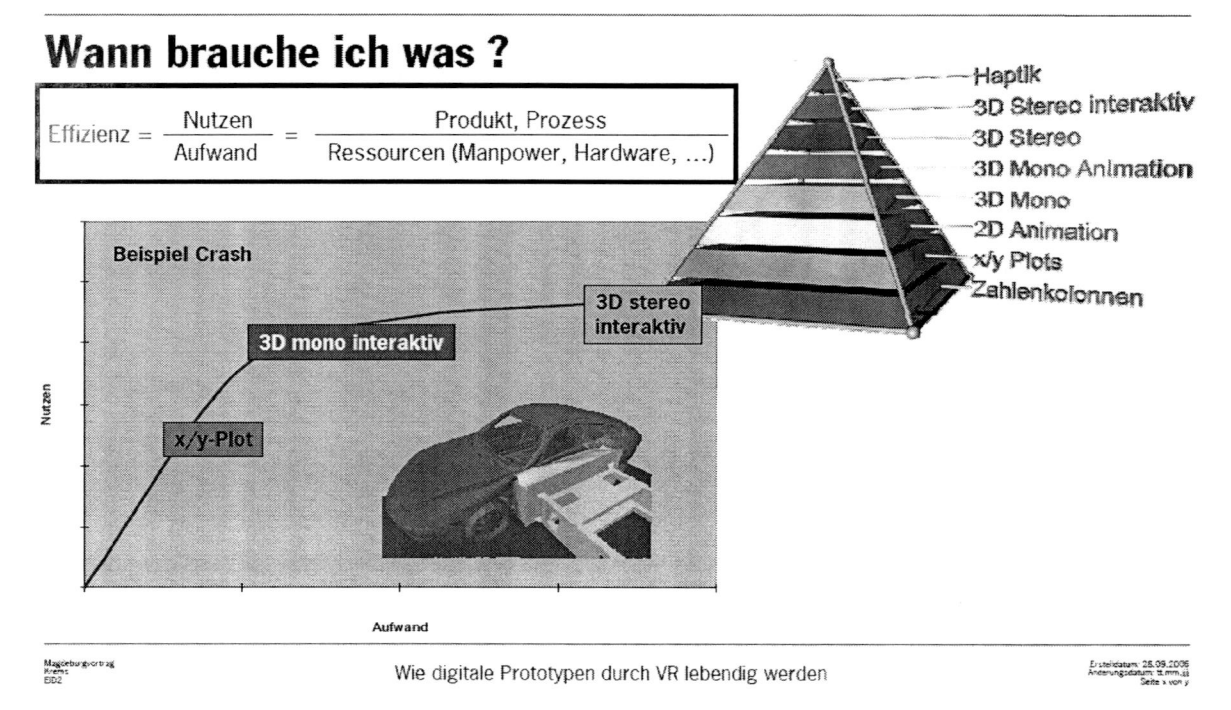

- Haptik
- 3D Stereo interaktiv
- 3D Stereo
- 3D Mono Animation
- 3D Mono
- 2D Animation
- x/y Plots
- Zahlenkolonnen

Beispiel Crash

- 3D stereo interaktiv
- 3D mono interaktiv
- x/y-Plot

Achsen: Nutzen (y), Aufwand (x)

Wie digitale Prototypen durch VR lebendig werden

PORSCHE

Inhalt

Das Unternehmen Porsche

Definition VR

Darstellungsmöglichkeiten

Die Digitalen Prototypen

Wann brauche ich was?

Datenflüsse

Beispiele

VR-Infrastruktur

Zusammenfassung

Wie digitale Prototypen durch VR lebendig werden

PORSCHE

Datenflüsse

Postprocessingfunktionen und proprietäre Formate erfordern viele Tools

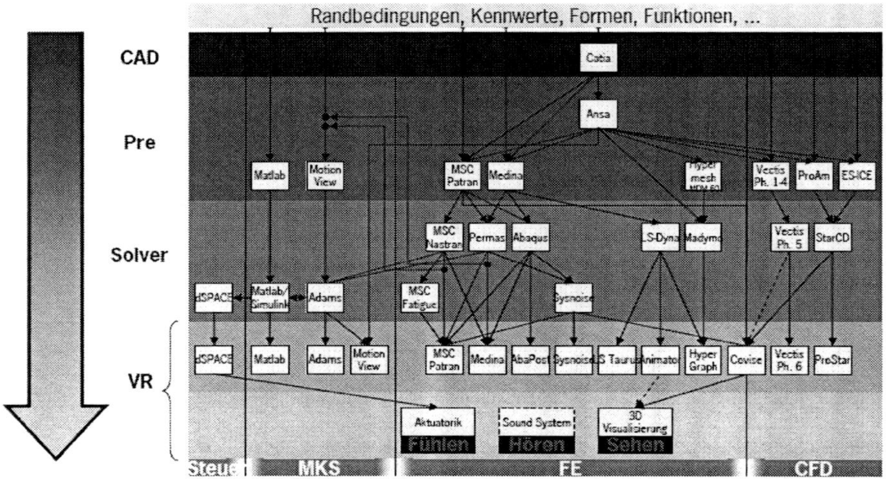

Wie digitale Prototypen durch VR lebendig werden

PORSCHE

Inhalt

Das Unternehmen Porsche

Definition VR

Darstellungsmöglichkeiten

Die Digitalen Prototypen

Wann brauche ich was?

Datenflüsse

Beispiele

VR-Infrastruktur

Zusammenfassung

Wie digitale Prototypen durch VR lebendig werden

PORSCHE

Fühlbares sichtbar machen

Beispiel Fahrdynamik

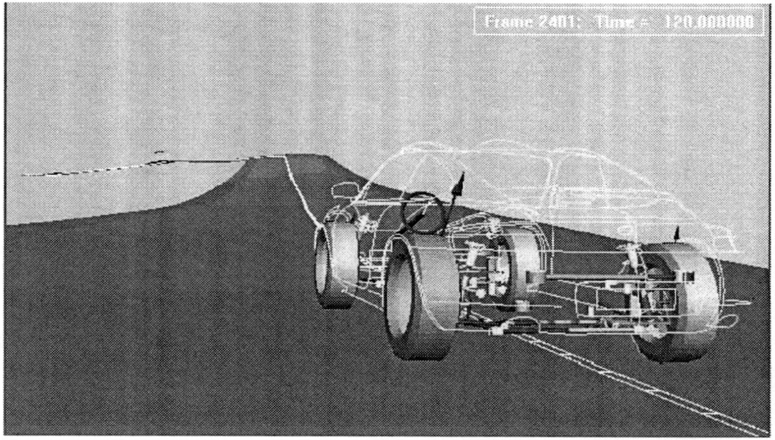

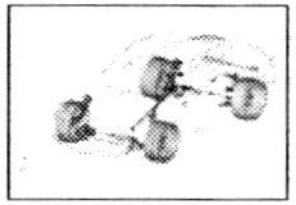

2. MKS-Gesamtfzg.-Modell

Wie digitale Prototypen durch VR lebendig werden

PORSCHE

Fühlbares sichtbar machen

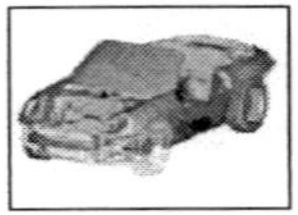

Wie digitale Prototypen durch VR lebendig werden

4. e-MKS-Modell

Hörbares sichtbar machen

Beispiel Getriebeakustik

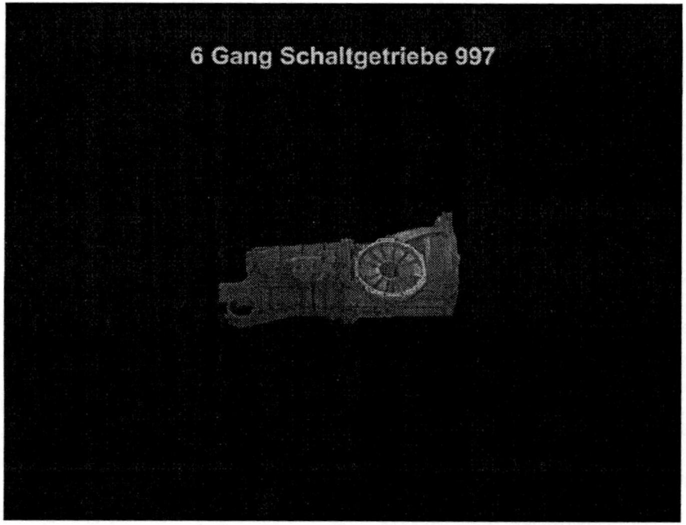

6 Gang Schaltgetriebe 997

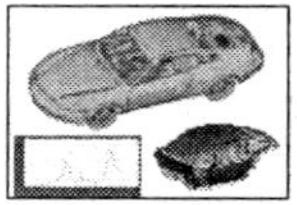

5. NVH-Akustik-Modell

Wie digitale Prototypen durch VR lebendig werden

PORSCHE

Visualisierung von numerischen und experimentellen Ergebnissen

Beispiel Insassenschutz

12. Madymomodell

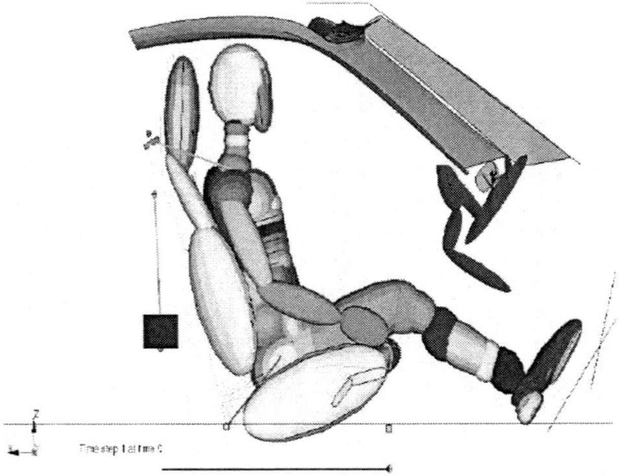

Wie digitale Prototypen durch VR lebendig werden

PORSCHE

Hörbares sichtbar machen

Beispiel Aeroakustik

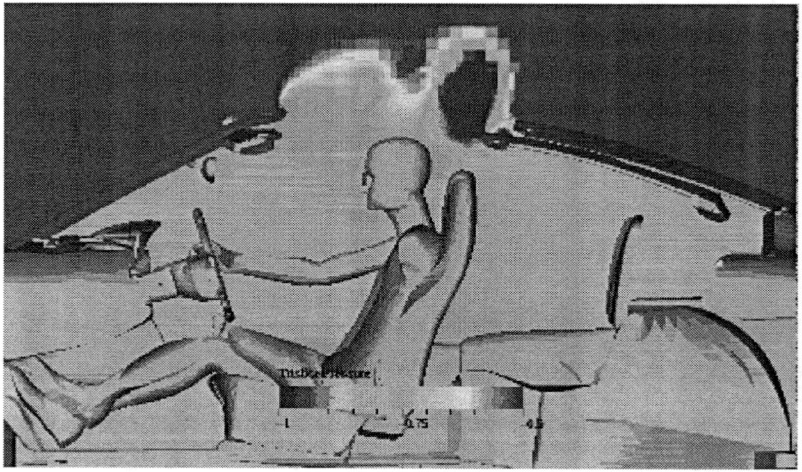

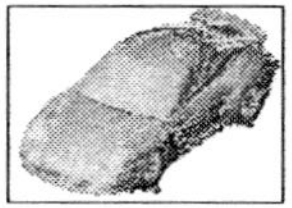

7. CFD-Gesamtfzg.-Modell

Wie digitale Prototypen durch VR lebendig werden

PORSCHE

Unsichtbares sichtbar machen

Beispiel Fahrzeugumströmung

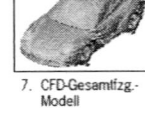

7. CFD-Gesamtfzg.-Modell

Wie digitale Prototypen durch VR lebendig werden

PORSCHE

Fühlbares fühlbar machen

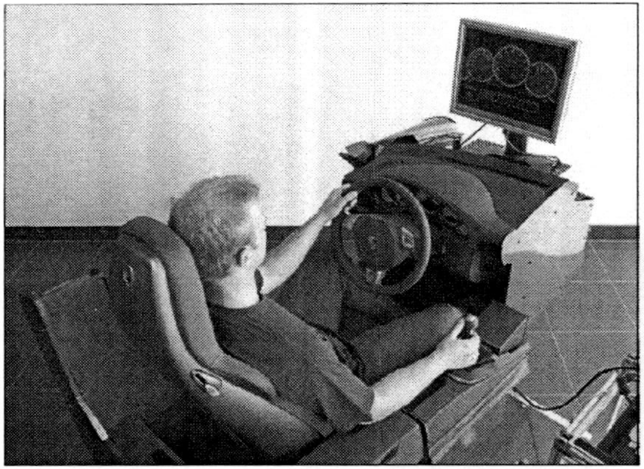

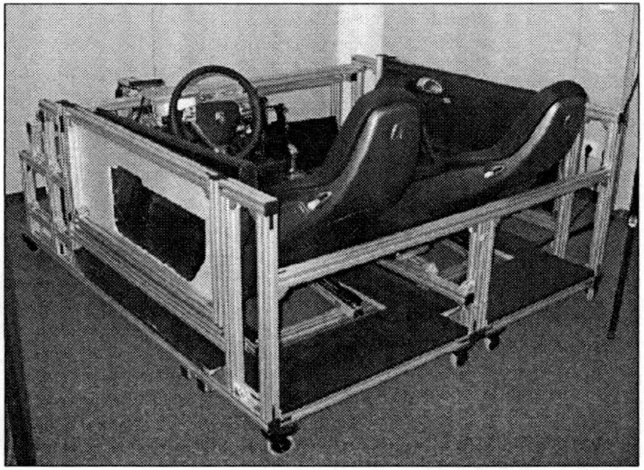

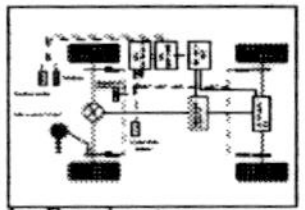

Beispiel Schaltkraftsimulator

Beispiel Lenkkräfte

1. Regelsystem-Gesamtfzg.-Modell

Wie digitale Prototypen durch VR lebendig werden

PORSCHE

Wie wird der Schaltvorgang simuliert ?

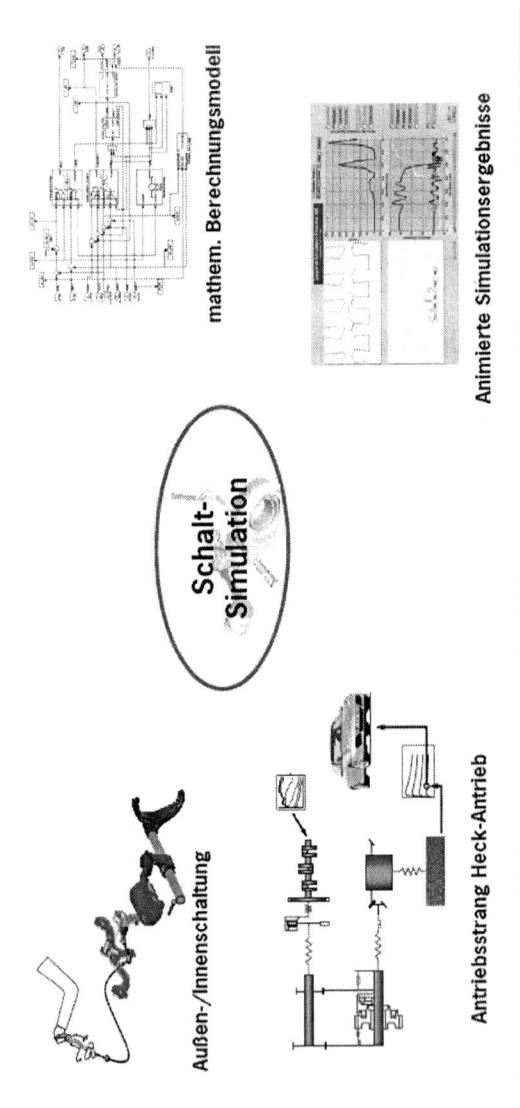

Außen-/Innenschaltung

Antriebsstrang Heck-Antrieb

Schalt-Simulation

mathem. Berechnungsmodell

Animierte Simulationsergebnisse

Wie digitale Prototypen durch VR lebendig werden

PORSCHE

Wie erfolgt die Umsetzung vom analytischen Ergebnis zum Subjektivurteil ?

Subjektive Beurteilung

- knackig
- knochig
- weich/soft <-> hart
- hakelig
- rauh
- direkt <-> indirekt
- exakt <-> unexakt
- leichtgängig <-> schwergängig

Schaltsimulator

Objektiver Handkraft-Verlauf

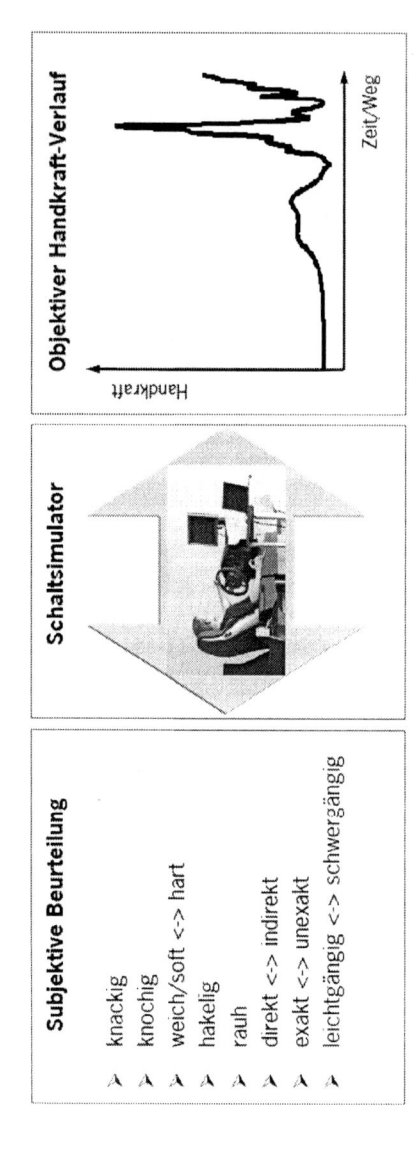

Handkraft / Zeit/Weg

Wie digitale Prototypen durch VR lebendig werden

PORSCHE

Was kann der Schaltsimulator leisten?

- ‚Fühlen' von Simulations-/ Messergebnissen
- Definition von Lastenheftvorgaben (Kraftverläufe, Wege ...)
- Überprüfung und Optimierung des Schaltkomforts (‚fühlbar') in frühem Entwicklungsstadium (ohne Hardware)
- Objektivierung von subjektivem ‚Komfort-Empfinden'

➢ Einsparung von Hardware-Baustufen (digitaler Prototyp)
➢ Sicherstellung einer ‚Porsche-typischen' Schaltung für alle handgeschalteten Porsche-Fahrzeuge

Wie digitale Prototypen durch VR lebendig werden

PORSCHE

Inhalt

Das Unternehmen Porsche

Definition VR

Darstellungsmöglichkeiten

Die Digitalen Prototypen

Wann brauche ich was?

Datenflüsse

Beispiele

VR-Infrastruktur

Zusammenfassung

Wie digitale Prototypen durch VR lebendig werden

PORSCHE

VR Infrastruktur bei Porsche

1 Kanal Powerwall (Stereo)

3 Kanal (Stereo)

2 Kanal Powerwall (Mono)

1 Kanal Aufprojektion (Mono)

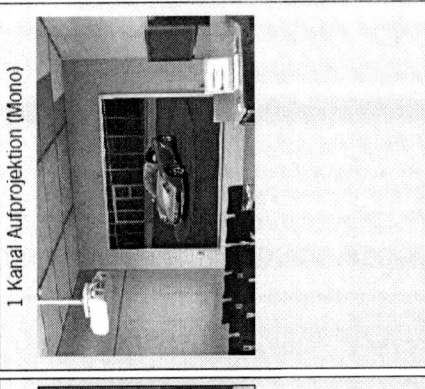

Wie digitale Prototypen durch VR lebendig werden

PORSCHE

Inhalt

Das Unternehmen Porsche

Definition VR

Darstellungsmöglichkeiten

Die Digitalen Prototypen

Wann brauche ich was?

Datenflüsse

Beispiele

VR-Infrastruktur

Zusammenfassung

Wie digitale Prototypen durch VR lebendig werden

PORSCHE

Zusammenfassung

- VR ist die Darstellung eines virtuellen Sachverhaltes
- Es ist die effizienteste Darstellungsform zu wählen in Abhängigkeit von der
  - Komplexität der Ergebnisse
  - Zielgruppe
- CFD-Ergebnisdarstellung ist Hauptanwendung von 3D-Stereo-Visualisierung
- Gekoppelte Rechnungen (MKS-FEM-CFD-Matlab/Simulink) erfordern multidisziplinäre VR-Tools, die Visualisierung, Akustik und Kraftrückkopplung erlauben
- Akustisches Rendering wird weitere Potenziale erschließen

Wie digitale Prototypen durch VR lebendig werden

PORSCHE

Vielen Dank für Ihre Aufmerksamkeit

Wie digitale Prototypen durch VR lebendig werden

Vortrag 2

PD Dr.med. Matthias Pross
DRK Kliniken Berlin Köpenick
Chefarzt

Dr.med. Cora Wex
Otto-von-Guericke-Universität Magdeburg Klinik für Allgemein-, Viszeral- und Gefäßchirurgie
Fachärztin für Chirurgie

»Operationssimulation und Visualisierung als Beispiele von Virtual Reality Technik in der Viszeralchirurgie«

Dr. Matthias Pross

DRK Kliniken Berlin

Lebenslauf

Jahrgang 1963

1991	Approbation als Arzt
1993 - 1998	Klinik für Allgemein-, Viszeral- und Gefäßchirurgie Otto-von-Guericke-Universität Magdeburg
2000	Ernennung zum Oberarzt der Klinik für Allgemein-, Viszeral- und Gefäßchirurgie der Medizinischen Fakultät der Universität Magdeburg
2001	Weiterbildung zum Viszeralchirurgen Klinik für Allgemein-, Viszeral- und Gefäßchirurgie der Medizinischen Fakultät der Universität Magdeburg
2001	Schwerpunkt Viszeralchirurgie Ärztekammer Sachsen-Anhalt
2004	Schwerpunkt Gefäßchirurgie Ärztekammer Sachsen-Anhalt
2005	Curriculum Minimal-Invasive Chirurgie
2006	Zusatzbezeichnung Proktologie

Dr. Cora Wex

Lebenslauf

Jahrgang 1972

1990-1996 Studium der Humanmedizin an der Universität des Saarlandes (Homburg/Saar) und dem Universitätsklinikum Mannheim (Universität Heidelberg)

1996 - 2000 Charité Berlin Campus Klinikum Rudolf-Virchow, Abteilung für Alllgemein-, Viszeral- und Transplantationschirurgie

1998 Promotion an der Universität Freiburg/Brsg.

2000 - 2001 Charité Campus Robert-Rössle-Klinik Abteilung für Chirurgische Onkologie

2001 - 2003 Bethel-Krankenhaus Berlin Abteilung für Endokrine Chirurgie

2003 - 2004 Kreiskrankenhaus (Land Brandenburg) Abteilung Unfallchirurgie

2004 bis heute Facharzt für Chirurgie Universitätsklinikum Otto-von-Guericke Magdeburg, Abteilung für Allgemein-, Viszeral- und Gefäßchirurgie

Operationssimulation und Visualisierung als Beispiele von Virtual Reality Technik in der Viszeralchirurgie

Hochspezialisierte Techniken halten mehr und mehr Einzug in die Chirurgie. Operationen werden durch vielfältige technische Anwendungen zum einen erleichtert, setzen zum anderen jedoch die Kenntnis im Umgang mit der Technik voraus. Standardisierte Ausbildungsmöglichkeiten werden dadurch schwierig, Ausbildungszeiten verlängern sich. Ähnlich wie in anderen hochtechnisierten Bereichen kann auch hier die Entwicklung von Simulationen der Virtuellen Realität helfen, Ausbildung zu verbessern und hohe Standards zu erreichen. Insbesondere in der videobasierten Chirurgie kann die Simulation von Operationsabläufen Anwendung finden.
Die videobasierte Chirurgie findet bei Patienten große Akzeptanz, da sie durch minimale Invasivität gekennzeichnet ist. Kleine Operationswunden sorgen für geringen Wundschmerz, die Patienten freuen sich über bessere kosmetische Ergebnisse. Medizinischerseits kann eine frühere Mobilisation stattfinden, der Kostaufbau ist problemlos, die Patienten erleiden weniger Verdauungsprobleme, was insgesamt auch zu wirtschaftlichen Vorteilen wie kürzere Liegezeiten und Kostenersparnis führt. Insgesamt lässt sich beobachten, dass die Patientenzufriedenheit bei minimal invasiven Eingriffen höher ist als bei konventionellen chirurgischen Operationen mit großen Schnitten.
Die Schwierigkeiten der videobasierten Chirurgie liegen wiederum auf der Seite der Ausbildung. Es ist für die Operateure eine große operative Erfahrung erforderlich, die Operationen unterliegen einer deutlichen Lernkurve. Da die Sicht des Operationsablaufes über einen zweidimensionalen Monitor erfolgt, muss der Operateur in der Lage sein, sich das dreidimensionale Szenario des Bauchraumes im Kopf vorzustellen. Die Instrumente sind an langen Stangen befestigt, so dass eine Übung im Umgang mit den Instrumenten notwendig ist. Der direkte Tastsinn, der innerhalb der Chirurgie eine Hauptrolle bei der Beurteilung von Gewebebeschaffenheit spielt, ist nur indirekt über die Instrumente möglich. Für das Erreichen einer gewissen Routine ist die regelmäßige Anwendung wichtig.
Ein weiteres Gebiet, auf dem Operationssimulationen hilfreich sein können, ist die individuelle patientenbezogene Visualisierung. Im Zeitalter der Multimedia-Gesellschaft möchten sich viele Patienten vor operativen Eingriffen umfassend über bestehende Möglichkeiten und Risiken informieren. Die Aufklärung und das Verständnis von Patienten kann wesentlich verbessert werden, wenn vor den

geplanten Operationen der Ablauf bereits optisch demonstriert werden kann.
In der Klinik für Allgemein-, Viszeral- und Gefäßchirurgie der Otto-von-Guericke-Universität Magdeburg werden zahlreiche operative Eingriffe minimal-invasiv durchgeführt. Es sollen einige exemplarisch aufgezählt werden: Cholezystektomie, Appendektomie, Hernienchirurgie, Darmoperationen, Leberoperationen, Magenoperationen, Milzentfernung, endokrine Chirurgie, Operationen der Bauchspeicheldrüse, Lungenoperationen und viele mehr.
Operationssimulation kann demnach für eine bessere Aufklärung der Patienten im Vorfeld sorgen. Eine individuelle Therapieplanung für die Patienten wird möglich.
Außerdem können Chirurgen am Simulator, ähnlich wie bei der Pilotenausbildung, für den Ernstfall ausgebildet werden, was zu einer deutlichen Reduktion des Stressfaktors beiträgt, außerdem zur Verkürzung der Ausbildungszeiten. Es können Standards festgelegt werden, die absolut reproduzierbar sind, die Lernkurven der Auszubildenden können dokumentiert werden.
Inzwischen wurde die Notwendigkeit der Bereitstellung solcher Simulationsgeräte erkannt. Es gibt bereits Operationssimulatoren, die erste Vorteile absehen lassen. Gute Erfolge werden bezüglich der Lernkurve erzielt. Die Abläufe konnten standardisiert werden. Das Ziel war es bis jetzt, Organe mehr oder weniger schematisch darzustellen, einen Lehrbuchcharakter zu erzeugen. Abläufe am Simulator sind gut reproduzierbar. Die bisherigen Modelle der Simulation sind daher ausgezeichnet für Studenten, Berufsanfänger und Laien geeignet.
Simulationen haben jedoch keine Fotoqualität. Außerdem handelt es sich um feste, vorgefertigte Operationsabläufe. Die schematische Darstellung von Organen hat mit der Realität im Abdomen des Patienten wenig zu tun. Die Simulatoren sind deshalb wenig für die Ausbildung hochspezialisierter Chirurgen geeignet.
Der Bereich der Visualisierung ist nun besonders für die individuelle Operationsplanung am Patienten wünschenswert. Unter Visualisierung wird gemeinhin die dreidimensionale Visualisierung von Organen und Körpern verstanden. Durch bessere Operationsplanung kann eine geringere Komplikationsrate erzielt werden. Organbeziehungen und Anatomie können genau dargestellt werden. Einsatzbereiche liegen vor allem im Bereich der onkologischen Chirurgie, der Gefäßchirurgie, der individuellen und patientenbasierten Operationsplanung. Insgesamt resultieren eine Steigerung der operativen Effektivität bei optimaler Vorbereitung des Operateurs und eine bessere Auslastung operativer Kapazitäten.

Eine bessere Patientenzufriedenheit kann erzielt werden. Die Basis der Visualisierung liegt oft bei einer Segmentierung und anschließender dreidimensionaler Rekonstruktion der segmentierten Datensätze aus der Computertomographie von Patienten. Dies sind sehr aufwendige Verfahren, die teilweise nicht automatisch ablaufen und bisher noch viel Zeit in Anspruch nehmen. Vorhandene Modelle beziehen sich häufig auf 3D-Visualisierung von Blutgefäßen. Hier ist Weiterentwicklungsbedarf gegeben. Ziele werden hier als Automatisierung der Arbeitsschritte angegeben, die Vernetzung von Operationssälen und radiologischen Abteilungen im Sinne der Telematik, Abrufbarkeit der Modelle im OP und ein direkter Kontakt der Operateure mit Radiologen.

Als Ausblick in die Zukunft ergeben sich hieraus Erfordernisse, die dadurch gekennzeichnet sind, dass Technik und Medizin eng miteinander verknüpft werden müssen. Vernetzungen von Technischen und Medizinischen Fakultäten im Klinikalltag, verstärkte Einbeziehung technischer Fachbereiche in medizinische Anwendungen, wissenschaftliche Kooperation mit technischen Fakultäten zur Entwicklung von Innovationen sind nur einige Stichpunkte, die hier als Zukunftspläne genannt werden sollen. Der Bedarf für die Medizintechnik ist bereits jetzt schon groß und wird glaubhaften Prognosen zufolge weiter wachsen.

Vortrag	3

Dr. Norbert Neubauer
Siemens AG Automation and Drives
Director Development e-Solutions & Media

»Simulationstechniken in der Technischen Weiterbildung«

Dr. Norbert Neubauer

SIEMENS

Global network of innovation

Lebenslauf

Jahrgang 1966

1993-1997	Wissenschaftlicher Mitarbeiter am Bayerischen Laserzentrum. Promotion zum Doktor-Ingenieur bei Professor Manfred Geiger an der Technischen Fakultät der FAU Erlangen.
1997-1998	Leitung der Laseranwendungstechnik bei der Messer Cutting and Welding AG
Seit 1999	Tätigkeit in verschiedenen Funktionen des Produkttrainings für Automation and Drives der Siemens AG
2005	Leitung der Entwicklung des Produkttrainings für Automation and Drives der Siemens AG

Zusammenfassung

Die zunehmende Verbreitung virtueller Techniken bei der Produktentwicklung schafft die Voraussetzung für neue Ansätze in der technischen Weiterbildung. So können 3D-Modelle aus der Konstruktion für das Produkttraining weiterverwendet werden. Durch den Einsatz von 3D-Modellen mit den Techniken „Virtual Reality" (VR) und „Augmented Reality" (AR) wird die Lernvielfalt und damit der Lernerfolg im Präsenzkurs gesteigert. Im vorliegenden Vortrag werden drei Projekte aus dem Siemens Trainingscenter for Automation and Industrial Solutions vorgestellt.

Was kann Virtual Reality?

Für Hersteller und Betreiber komplexer Systeme, Anlagen und Maschinen bietet Virtual Reality die Möglichkeit zum effektiven Training und zur kurzfristigen Einarbeitung in Bedienungs-, Steuerungs- oder Prozessabläufe. Kundenspezifische Anlagensituationen können virtuell abgebildet werden und verschiedene Szenarien durchgespielt werden. Als Entwickler erhalten Sie einen vorausschauenden, dreidimensionalen Anblick des neuen Produkts bzw. ihrer Konstruktion. Für Monteure werden im Schaltplan verzeichnete Informationen oder Arbeitsanweisungen in die reale Szene eingeblendet.

Lernprogramm zu virtuellem Leistungsschalter

Sitrain hat seit einem halben Jahr den Prototyp eines ersten interaktiven Selbstlernprogramms mit den neuen Techniken der Virtual Reality im Einsatz. Gemeinsam mit der Universität Magdeburg wurde in Form eines Pilotprojekts ein Lernprogramm für die Inbetriebnahme virtueller Leistungsschalter der Reihe SENTRON 3WL entwickelt. Sequenzen des Lernprogramms werden auch im entsprechenden Kurs zur Veranschaulichung eingesetzt. Die Vorteile der neuen Technik liegen auf der Hand: Neben einem hohen und nachhaltigen Lerneffekt durch die anschauliche 3D-Darstellung lässt sich der Aufwand für den Aufbau einer realen Trainingsumgebung reduzieren.

Augmented Reality (AR) in der Werkzeugmaschine

Unter Augmented Reality versteht man die rechnergestützte perspektivisch korrekte Überlagerung der Realität mit virtueller Information in Echtzeit. Besonders gut eignet sich AR für die Kombination eines Videobildes einer Werkzeugmaschine mit virtuellen Informationen, um komplexe Steuerungs-, Antriebs- und Schaltvorgänge darzustellen. Beim Training für Werkzeugmaschinen können mit dieser Technik die verschiedenen Koordinatensysteme der Steuerung eingeblendet werden. Der Trainer kann sich im Kurs ganz auf die Erklärung der Sachverhalte konzentrieren, da das Vorstellungsvermögen der Teilnehmer durch die AR-Technik sehr gut unterstützt wird.
Allerdings sind AR-Systeme im Praxiseinsatz noch relativ aufwändig. Es wird eine komplette Werkzeugmaschine mit einjustierter Kamera benötigt, um die Vorteile dieser Technik im Training nutzen zu können. Wesentlich einfacher einsetzbar sind hier Simulationen auf der Basis von Virtual Reality.

CNC-Kurse mit Virtual Reality

Hier steht den Kursteilnehmern eine Teststeuerung zur Verfügung, die mit einem Rechner zur Visualisierung der Anlagenmechanik verbunden ist. Mit Hilfe der Software SINUMERIK Machine Simulator wird ein Verhaltensmodell der kompletten Werkzeugmaschine realisiert. In der grafischen Simulation kann der Schulungsteilnehmer ein 3D-Modell mit allen Maschinenbewegungen sehen, die von der Steuerung ausgelöst werden. Darüber hinaus kann der SINUMERIK Machine Simulator Informationen darstellen, die dem Teilnehmer helfen, die Kursinhalte schnell aufzunehmen und umzusetzen. So können die Koordinatensysteme der Steuerung und die mit der Werkzeugspitze verfahrene Spur in Echtzeit dargestellt werden. Der Teilnehmer erkennt unmittelbar die Auswirkungen seiner Eingaben an der Steuerung. Dabei kann er sich auf die Lerninhalte konzentrieren, da er an der virtuellen Maschine keine Angst vor Kollisionen haben muss. Für den Teilnehmer bedeutet dies einen hohen und nachhaltigen Lerneffekt durch eine praxisnahe anschauliche Darstellung der Übungsumgebung.

Simulationstechniken in der technischen Weiterbildung

SITRAIN

**Siemens Training
for Automation and Industrial Solutions**
www.siemens.com/sitrain
Norbert.Neubauer@siemens.com

SIEMENS

Automation and Drives

Themenangebot im Überblick

Antriebstechnik	Automatisierungssysteme	CNC-Automatisierung
Industrielle Kommunikation	Prozessautomatisierung	Sicherheitstechnik – Safety Integrated
Niederspannungs-Schalttechnik, TIP	Sensorik, Mess- und Prüftechnik	Elektrische Installationstechnik

Simulationstechniken in der technischen Weiterbildung

SITRAIN®

Training

Virtueller Leistungsschalter
Augmented Reality
Virtual Reality
Zusammenfassung

SIEMENS

Lernmöglichkeiten mit SITRAIN

SITRAIN®

Training

Virtueller Leistungsschalter

Augmented Reality

Virtual Reality

Zusammenfassung

1. Lernen im Trainings-Center
2. Lernen nach Kundenwunsch
3. Fernlehrgänge
4. Lernen mit CBTs
5. Lernen mit WBTs
6. Lernen mit Online-Trainer
7. Lernen mit Büchern

Automation and Drives

Simulationstechniken in der technischen Weiterbildung

SIEMENS

Blended Learning:
modulares und vielseitiges Lernen

Kombination von Lernmedien und –methoden zur Kursvorbereitung, kursbegleitend und nachbereitend.

- Eingangstest (optional)
- Vorbereitungs-Module
- Präsenzteil
- Optionsmodule
- Refresher
- Abschlusstest (optional)

Simulationstechniken in der technischen Weiterbildung

Automation and Drives

SITRAIN in über 60 Ländern

SITRAIN - Training for Automation and Industrial Solutions
www.siemens.com/sitrain

Simulationstechniken in der technischen Weiterbildung

SITRAIN®

Training
Virtueller Leistungschalter
Augmented Reality
Virtual Reality
Zusammenfassung

SIEMENS

Simulationstechniken im Training

Augmented Reality   Virtual Reality

Mehrwert im Training
- anschauliche Darstellung komplexer Sachverhalte
- Unsichtbares sichtbar machen
- Gefahrloser Umgang – es kann nichts kaputtgehen

Weltweite Verfügbarkeit
- Entfall aufwändiger Transporte
- Einfache Duplizierung

Kostenvorteile bei der Realisierung von Lernumgebungen

Automation and Drives

SITRAIN®

- Training
- **Virtueller Leistungschalter**
- Augmented Reality
- Virtual Reality
- Zusammenfassung

Virtueller Leistungschalter

Realisierung auf der Basis von VRML

SIEMENS

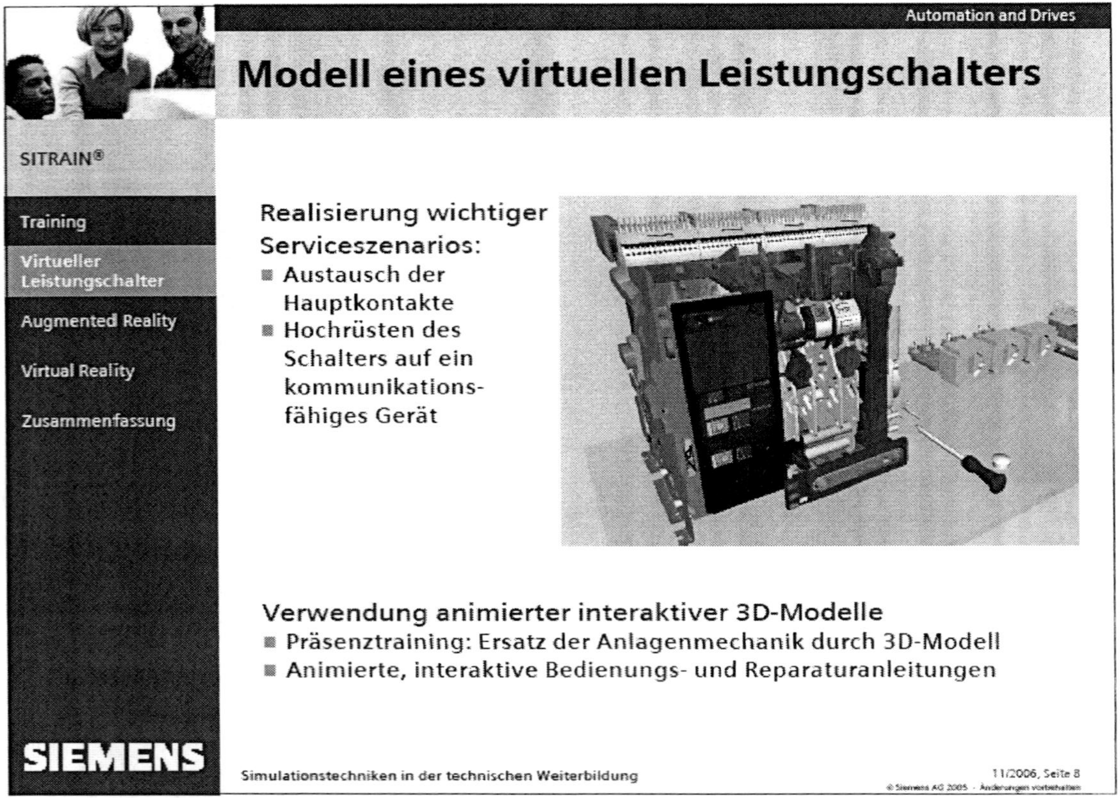

SITRAIN®

Training
Virtueller Leistungsschalter
Augmented Reality
Virtual Reality
Zusammenfassung

Modell eines virtuellen Leistungsschalters

Realisierung wichtiger Serviceszenarios:
- Austausch der Hauptkontakte
- Hochrüsten des Schalters auf ein kommunikationsfähiges Gerät

Verwendung animierter interaktiver 3D-Modelle
- Präsenztraining: Ersatz der Anlagenmechanik durch 3D-Modell
- Animierte, interaktive Bedienungs- und Reparaturanleitungen

Simulationstechniken in der technischen Weiterbildung

Augmented Reality

Training an einer Werkzeugmaschine

SITRAIN®

- Training
- Virtueller Leistungsschalter
- Augmented Reality
- Virtual Reality
- Zusammenfassung

Automation and Drives

SIEMENS

Automation and Drives

Werkzeugmaschine für 5-Achs-Training

Ausgangssituation:
- Kurse für Programmierer und Servicepersonal
- Nur eine Maschinenkinematik darstellbar
- Komplexe Zusammenhänge müssen erklärt werden

SITRAIN®

- Training
- Virtueller Leistungsschalter
- **Augmented Reality**
- Virtual Reality
- Zusammenfassung

Simulationstechniken in der technischen Weiterbildung

SIEMENS

Augmented Reality an der Werkzeugmaschine

Fire wire

MPI

Simulationstechniken in der technischen Weiterbildung

SITRAIN®

Training
Virtueller Leistungsschalter
Augmented Reality
Virtual Reality
Zusammenfassung

SIEMENS

Automation and Drives

Augmented Reality im 5-Achs-Training

- Koordinatensysteme darstellen
- Aufzeichnung der Spur der Werkzeugspitze

Simulationstechniken in der technischen Weiterbildung

SITRAIN®

Training
Virtueller Leistungsschalter
Augmented Reality
Virtual Reality
Zusammenfassung

SIEMENS

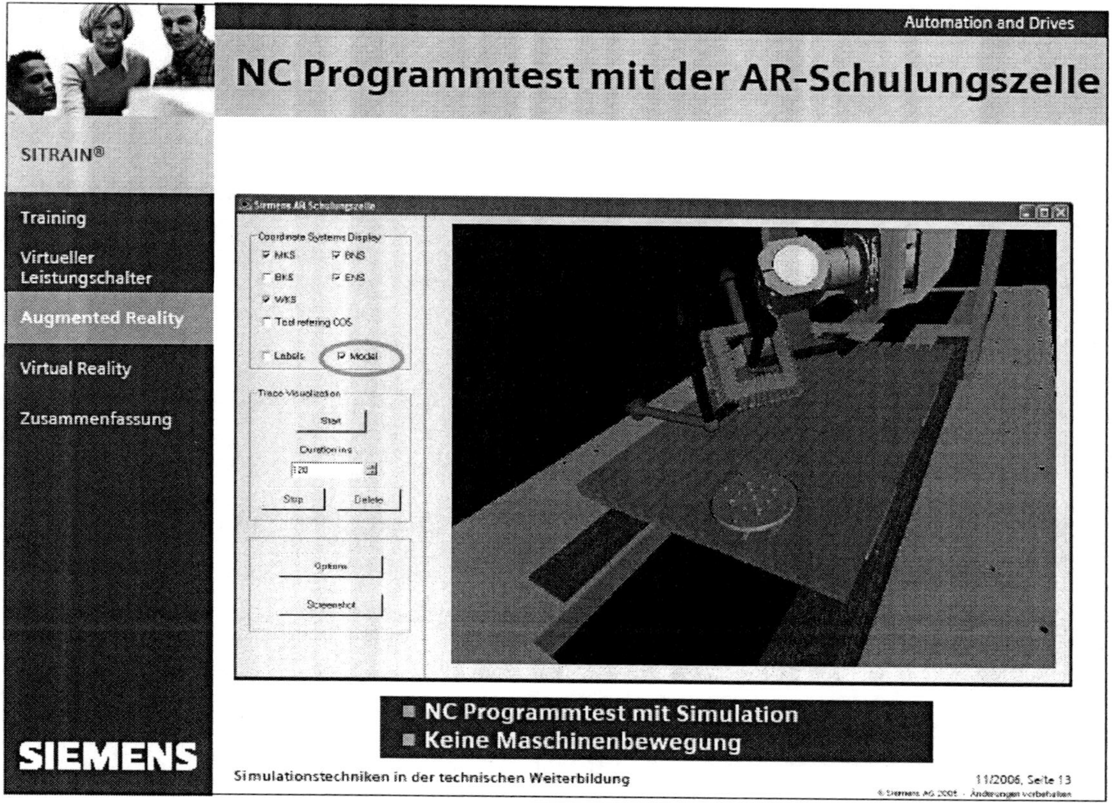

NC Programmtest mit der AR-Schulungszelle

Automation and Drives

SITRAIN®

Training
Virtueller Leistungsschalter
Augmented Reality
Virtual Reality
Zusammenfassung

- NC Programmtest mit Simulation
- Keine Maschinenbewegung

Simulationstechniken in der technischen Weiterbildung

© Siemens AG 2006 11/2006, Seite 13

Erfahrungen mit Augmented Reality

Wichtige Funktionen
- Einblenden von Koordinatensystemen
- Spuraufzeichnung

Weitere Anforderungen
- Kameraposition sollte frei wählbar sein
- Training sollte auch ohne Maschine (Mechanik) möglich sein

Lösungsansatz
- Verzicht auf vollwertige AR-Funktionalität
- Entwicklung einer VR-Lösung, die mit Hilfe von AR-Techniken zusätzliche Informationen bereitstellt.

Virtual Reality

Training an einer Werkzeugmaschinensteuerung

SITRAIN®

Training
Virtueller Leistungsschalter
Augmented Reality
Virtual Reality
Zusammenfassung

Automation and Drives

SIEMENS

Automation and Drives
Übungsplatz im SINUMERIK-Training
SIEMENS
Simulationstechniken in der technischen Weiterbildung
11/2006, Seite 16
© Siemens AG 2005 - Änderungen vorbehalten

Virtual Reality – Übungsplatz
Ersatz des Plotters durch Simulation

MPI

SINUMERIK Machine Simulator:
- Standard-Software
- 3D-Maschinenmodelle auf VRML-Basis
- Darstellung der Koordinatensysteme
- Aufzeichnung der Spur der Werkzeugspitze

Simulationstechniken in der technischen Weiterbildung

SITRAIN®

Training
Virtueller Leistungsschalter
Augmented Reality
Virtual Reality
Zusammenfassung

SIEMENS

Automation and Drives

Ansicht einer simulierten Werkzeugmaschine

SITRAIN®

Training
Virtueller Leistungsschalter
Augmented Reality
Virtual Reality
Zusammenfassung

- Koordinatensysteme und Spuraufzeichnung
- Freie Wahl des Kamerablickpunktes

Simulationstechniken in der technischen Weiterbildung

SIEMENS

© Siemens AG 2005 – Änderungen vorbehalten 11/2006, Seite 18

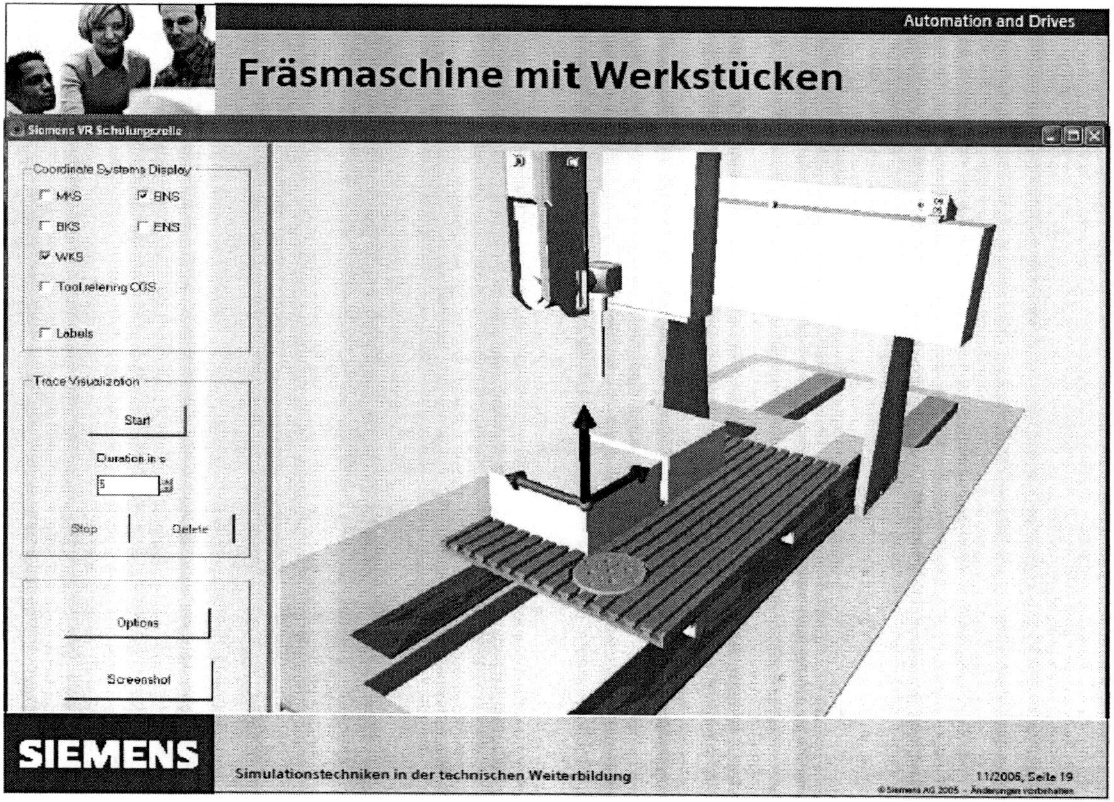

95

Automation and Drives

Änderung der Werkzeugkorrektur

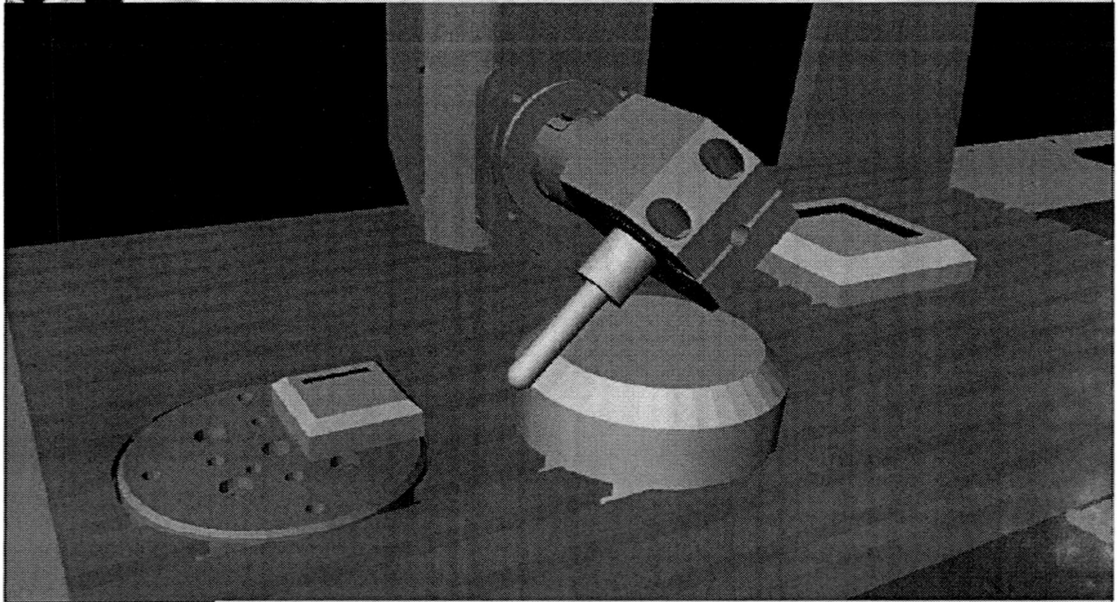

SIEMENS

Simulationstechniken in der technischen Weiterbildung

11/2006, Seite 20

Modell einer Drehmaschine

Simulationstechniken in der technischen Weiterbildung

Quelle: FH Amberg

Kundennutzen der Simulation

Training für Maschinenhersteller:
- Im Werk des Kunden
- Ohne Belegung der Maschine
- Verwendung der Maschinensimulation
- Training am CNC-Teststand der Entwicklung
- Schnelle Umsetzung der Ergebnisse

TWINFLEX MD

Witzig & Frank
MAG INDUSTRIAL AUTOMATION SYSTEMS

SIEMENS — Simulationstechniken in der technischen Weiterbildung

Automation and Drives

Zusammenfassung

Virtueller Leistungsschalter
- Web-basierte Trainingssequenz für typische Trainingsszenarios
- Realisierung auf der Basis von VRML

Augmented Reality
- Koordinatensysteme und Spurvisualisierung
- Im Training kann auf die Maschine verzichtet werden

Virtual Reality
- Erweiterte didaktische Möglichkeiten
  - Koordinatensysteme
  - Spuraufzeichnung
  - Werkzeugkorrekturen
- Gute Ergänzung der Übungsplätze

Vortrag	4

Dr. Dieter Langer
EADS Deutschland GmbH
Military Air Systems
Projektmanager VR/AR Technologien

»Augmented Reality bei der (Fern)- Wartung von Flugzeugen«

Dr. Dieter Langer

Lebenslauf

Jahrgang 1956

1983	Master's Degree (1983) in Electrical Engineering, Ohio State University, USA
1986	Dr. Ing. (Ph.D. Degree) in Electrial Engineering, Ohio State University, USA
1989 - heute	EADS Ottobrunn, Military Aircraft
1997 - 2000	Project Manager Flight Control Simulation ASTA Training Simulator
2000 - 2001	Project Manager Technische Dokumentation
2001 - 2006	Project Manager VR/AR Technologien

Military Aircraft

EADS DEFENCE & SECURITY

Augmented Reality bei der (Fern)-Wartung von Flugzeugen

FhG IPP
Magdeburg 15. Nov. 2006

Dr. Dieter Langer, EADS Military Air Systems, Ottobrunn e-mail:
dieter.langer@eads.com

Gliederung :

1. EADS im Überblick
2. Augmented Reality Technologie
3. Augmented Reality Hardware
4. Primäre Augmented Reality Anwendungen
5. AR/VR Basiertes Telemaintenance System
6. Zusammenfassung, Ausblick

Military Aircraft

1. EADS im Überblick

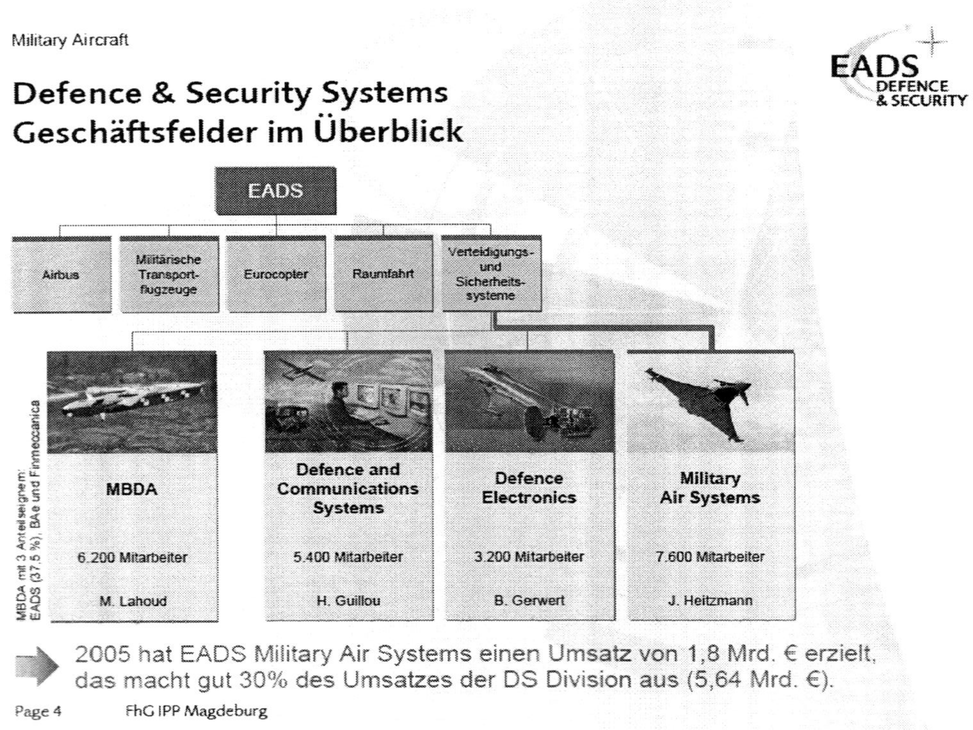

Military Aircraft

Defence & Security Systems
Geschäftsfelder im Überblick

EADS
- Airbus
- Militärische Transportflugzeuge
- Eurocopter
- Raumfahrt
- Verteidigungs- und Sicherheitssysteme

MBDA
6.200 Mitarbeiter
M. Lahoud

MBDA mit 3 Anteilseignern:
EADS (37,5 %), BAe und Finmeccanica

Defence and Communications Systems
5.400 Mitarbeiter
H. Guillou

Defence Electronics
3.200 Mitarbeiter
B. Gerwert

Military Air Systems
7.600 Mitarbeiter
J. Heitzmann

2005 hat EADS Military Air Systems einen Umsatz von 1,8 Mrd. € erzielt, das macht gut 30% des Umsatzes der DS Division aus (5,64 Mrd. €).

FhG IPP Magdeburg

Military Aircraft

EADS Military Air Systems

Schlüsselzahlen 2005

Umsatz: 1,8 Mrd. €
Auftragsbestand: 7,0 Mrd. €
Aktive Belegschaft: ca. 7.600

Umsatz nach Segmenten

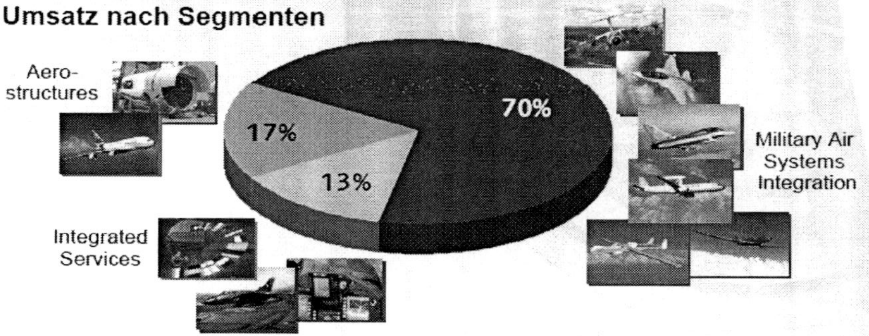

- Aero-structures — 17%
- Integrated Services — 13%
- Military Air Systems Integration — 70%

➤ Die Kombination von Plattform- mit Aufklärungs- und Überwachungsaktivitäten eröffnet weitere Perspektiven im Bereich Integration von fliegenden militärischen Systemen.

FhG IPP Magdeburg

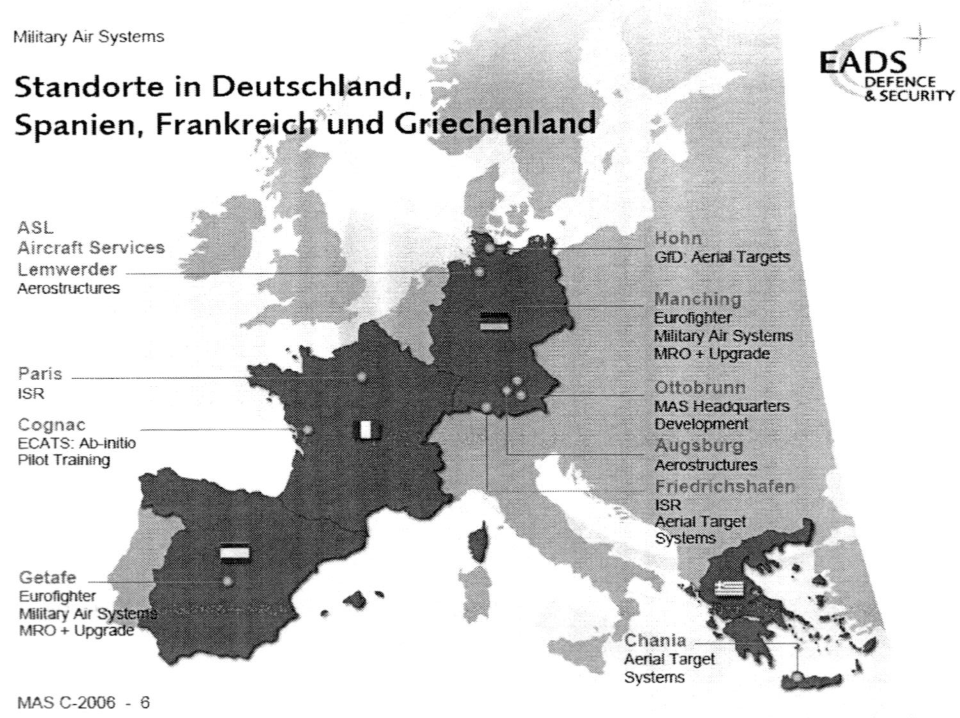

Military Air Systems

Standorte in Deutschland, Spanien, Frankreich und Griechenland

ASL
Aircraft Services
Lemwerder
Aerostructures

Paris
ISR

Cognac
ECATS: Ab-initio
Pilot Training

Getafe
Eurofighter
Military Air Systems
MRO + Upgrade

Hohn
GfD Aerial Targets

Manching
Eurofighter
Military Air Systems
MRO + Upgrade

Ottobrunn
MAS Headquarters
Development

Augsburg
Aerostructures

Friedrichshafen
ISR
Aerial Target Systems

Chania
Aerial Target Systems

EADS DEFENCE & SECURITY

MAS C-2006 - 6

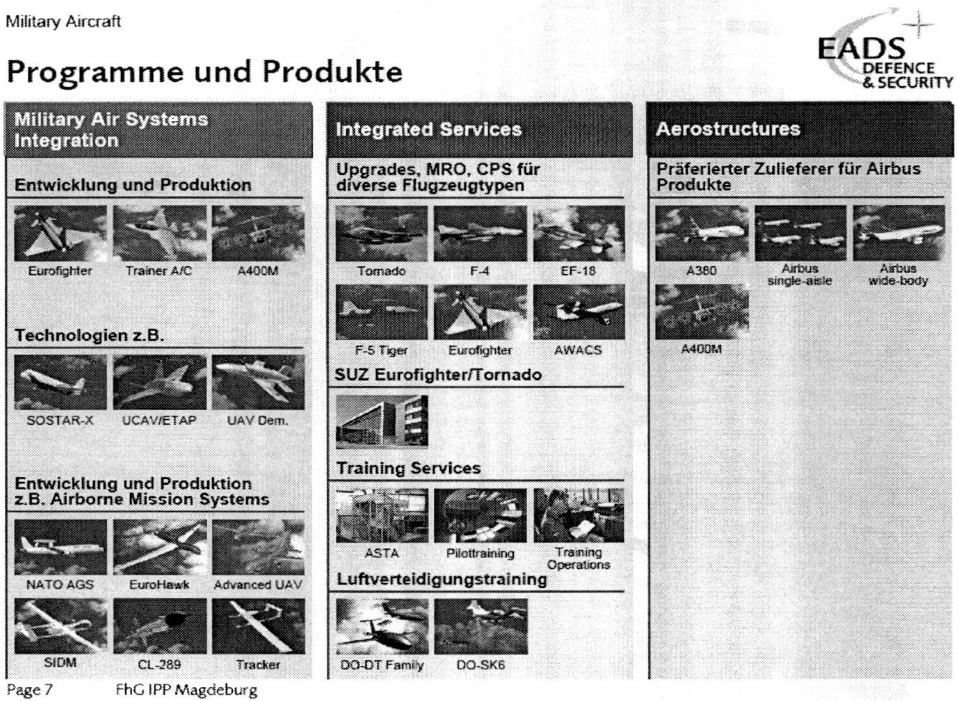

Military Aircraft

Programme und Produkte

Military Air Systems Integration

Entwicklung und Produktion
- Eurofighter
- Trainer A/C
- A400M

Technologien z.B.
- SOSTAR-X
- UCAV/ETAP
- UAV Dem.

Entwicklung und Produktion z.B. Airborne Mission Systems
- NATO AGS
- EuroHawk
- Advanced UAV
- SIDM
- CL-289
- Tracker

Integrated Services

Upgrades, MRO, CPS für diverse Flugzeugtypen
- Tornado
- F-4
- EF-18
- F-5 Tiger
- Eurofighter
- AWACS

SUZ Eurofighter/Tornado

Training Services
- ASTA
- Pilotraining
- Training Operations

Luftverteidigungstraining
- DO-DT Family
- DO-SK6

Aerostructures

Präferierter Zulieferer für Airbus Produkte
- A380
- Airbus single-aisle
- A400M
- Airbus wide-body

Page 7   FhG IPP Magdeburg

2. Augmented Reality Technologie

Military Aircraft
Definition of Augmented Reality

EADS DEFENCE & SECURITY

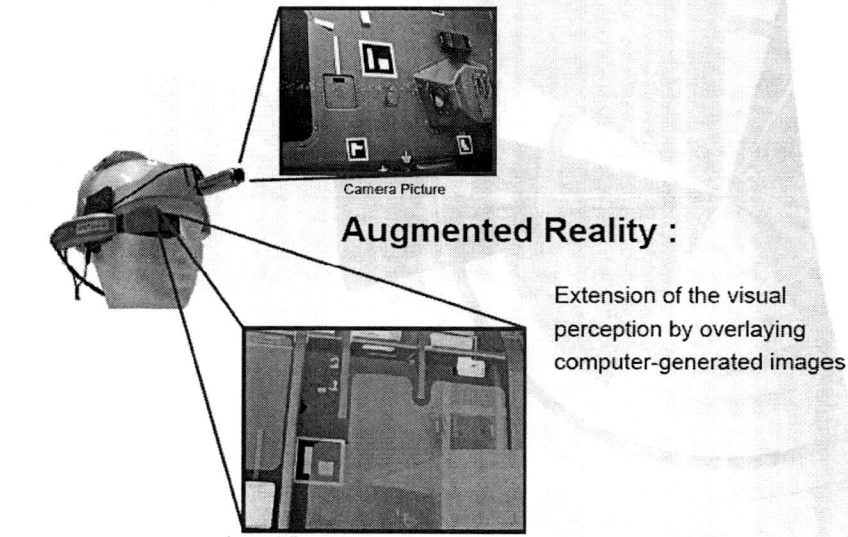

Camera Picture

Augmented Reality :

Extension of the visual perception by overlaying computer-generated images

Augmentation =
Real Picture + Computer-Generated Overlay

FhG IPP Magdeburg

Military Aircraft
AR Tracking Technology

Sensor Coordinate System

World Coordinate Ssystem

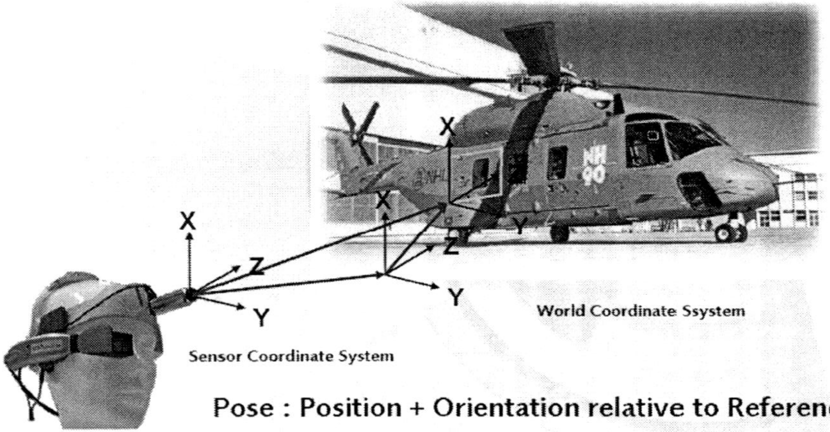

Pose : Position + Orientation relative to Reference

Tracking : Continuous Computation of Pose

Military Aircraft
AR Tracking Technology

Marker Based Tracking

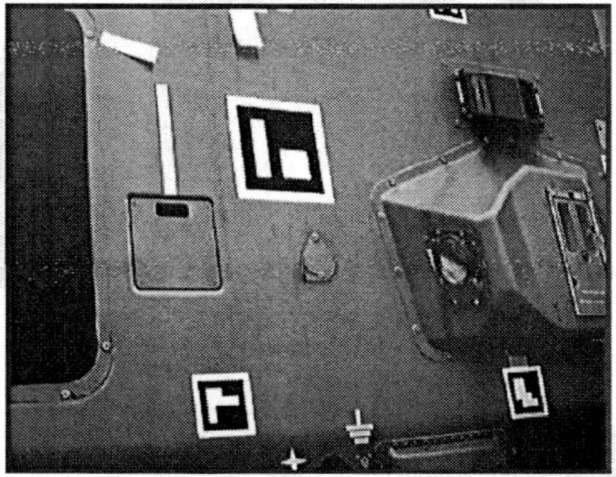

EADS DEFENCE & SECURITY

Page 11   FhG IPP Magdeburg

Military Aircraft

AR Tracking Technology – Modellbased Methods

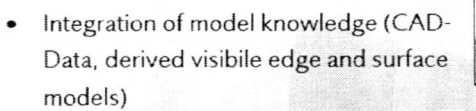

- Integration of model knowledge (CAD-Data, derived visibile edge and surface models)
- Initialisation by using keyframes or (edge) model matching
- Point based tracking algorithms
- Sensor fusion of optical with inertial sensors

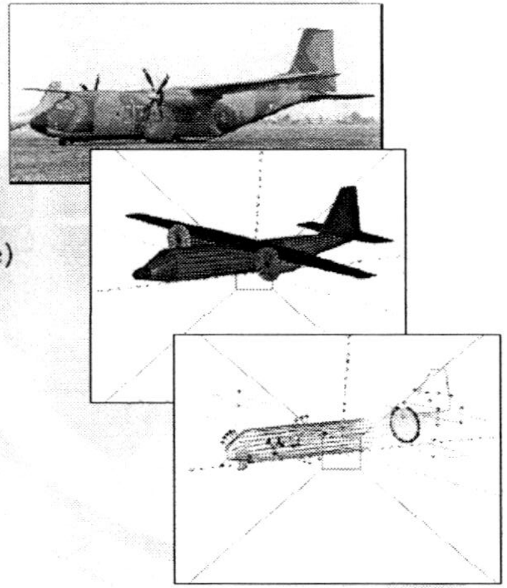

Military Aircraft

ARTESAS Research Project (2.2004 – 6.2006)

ARTESAS : Advanced Augmented Reality for Industrial Service Applications (www.artesas.de)

Military Aircraft

Markerless Object Tracking

Video:
Initialisation +
Tracking
using a
CAD Models

ARTESAS AR-Taskflow-Viewer Vers. 1.6.0
(ARTESAS Inkr. 2.4.0)

3. Augmented Reality Hardware

Military Aircraft

Augmented Reality Hardware –
See-Through Displaytechnology : Nomad

MicroVision Nomad
Indoor/Outdoor Laser-Retinal See-Through-Display mit ergonomischem Tragesyststem, bei dem die Polsterung auswechselbar ist.
Display verschiebbar und damit links und rechts nutzbar
Gestochen scharfe Bilder/Text, auch bei Tageslicht.
Sogar 10 pt Text ist lesbar.

SVGA Display mit 800x600 Pixel
FOV 17°/2.3°

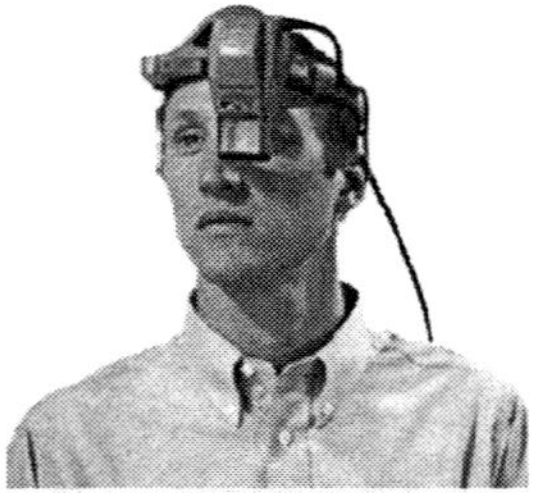

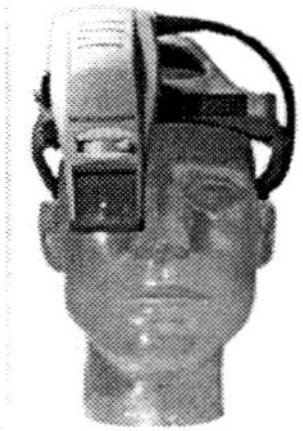

VRD/RSD
Prototyp
Microvision
(Retnal Scanning Display)

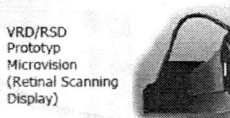

Military Aircraft

Augmented Reality Hardware –
See-Through Displaytechnology : Nomad II

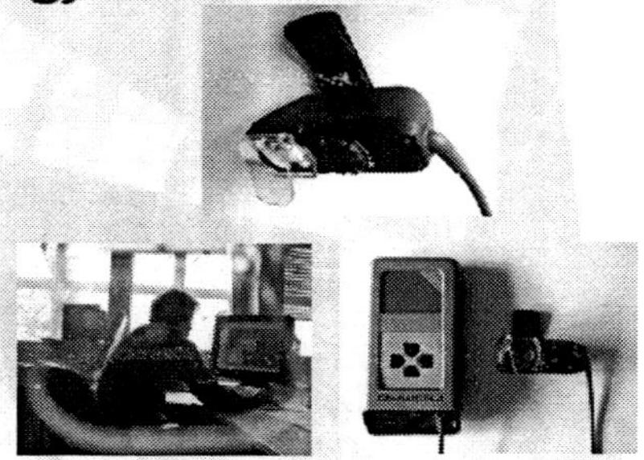

MicroVision Nomad II
Indoor/Outdoor Laser-Retinal See-Through-Display mit ergonomischem Tragesyststem, bei dem die Polsterung auswechselbar ist.
Display verschiebbar und damit links und rechts nutzbar
Gestochen scharfe Bilder/Text, auch bei Tageslicht.
Sogar 10 pt Text ist lesbar.

SVGA Display mit 800x600 Pixel
FOV 17°/23°

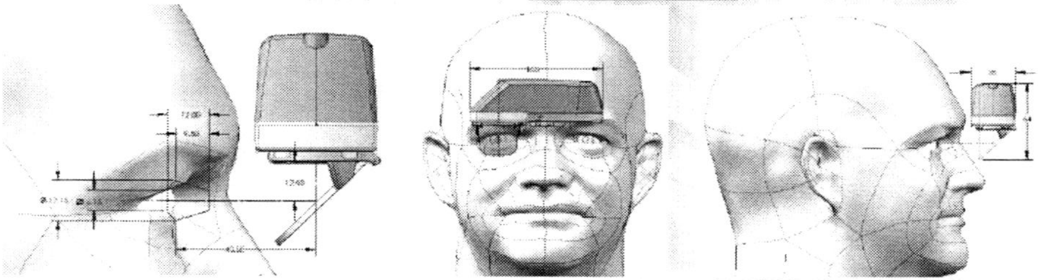

FhG IPP Magdeburg

Military Aircraft

Augmented Reality Hardware –
See-Through Displaytechnology : Tekgear M2

Tekgear M2
Indoor/Outdoor Farb See-Through-Display mit
ergonomischem Tragesyststem.
Display verschiebbar und damit links und rechts
nutzbar

SVGA Display mit 800x600 Pixel

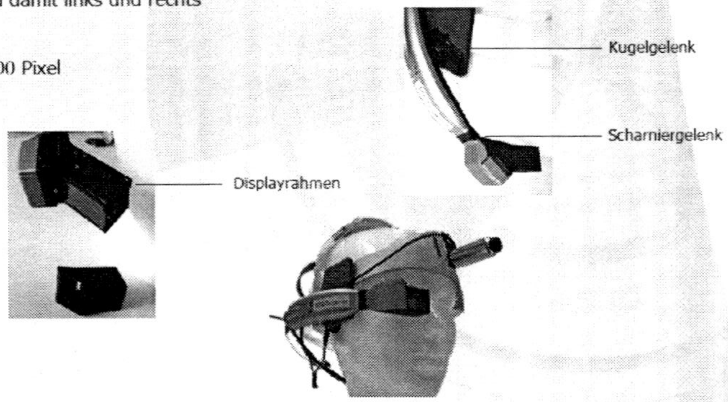

Kugelgelenk
Scharniergelenk
Displayrahmen

Military Aircraft

Augmented Reality Hardware – See-Through Displaytechnology : Lumos

Lumos
Indoor/Outdoor Farb See-Through-Display
SVGA Display with 800x600 Pixel

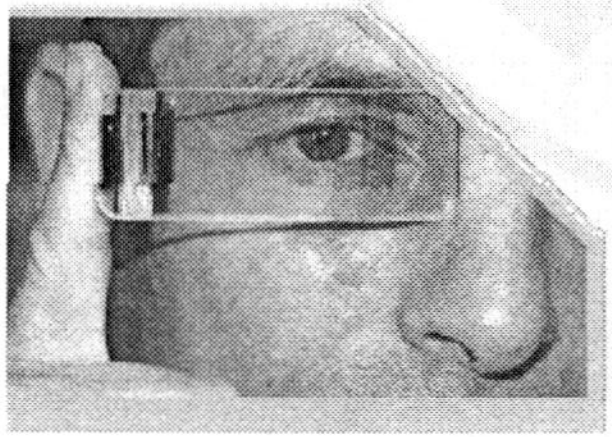

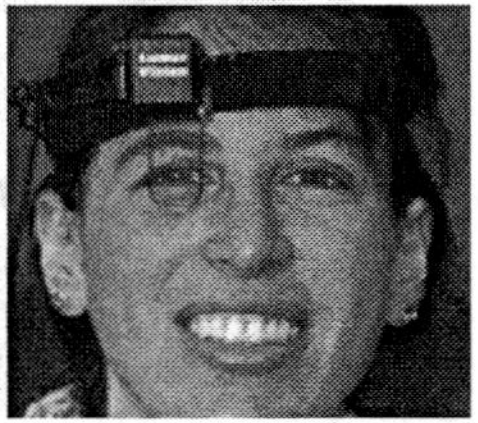

FhG IPP Magdeburg

Military Aircraft

Augmented Reality Hardware – See-Through Displaytechnology

Projektion System
OLED (Organic LED)

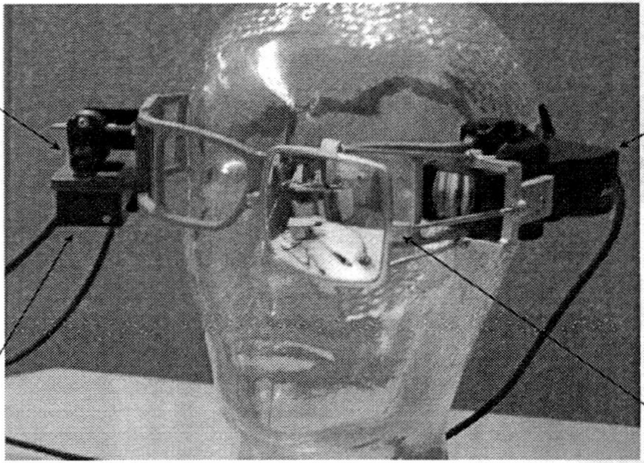

Semi Transparent Mirror

Sentech Analog Camera

Wireless Inertial Sensor:
Compensation of fast movements which cause an optical motion blur

Page 20 FhG IPP Magdeburg

4. Primäre Augmented Reality Anwendungen

Military Aircraft

Augmented Reality in Training/Service Applications

Training/Service Scenario : Removal of a Proximity Sensor

Todays documentation :
- text and
- figures

Augmented Reality Approach :
- animated worksteps overlaid on real object
- navigation by voice input

FhG IPP Magdeburg

Military Aircraft

Augmented Reality in a Production Scenario

- manufacturing board up to 6m long und 1m tall
- up to 500 individual cables per loom
- 60 different board for Eurofighter mid fuselage section

FhG IPP Magdeburg

Military Aircraft

Augmented Reality in a Production Scenario

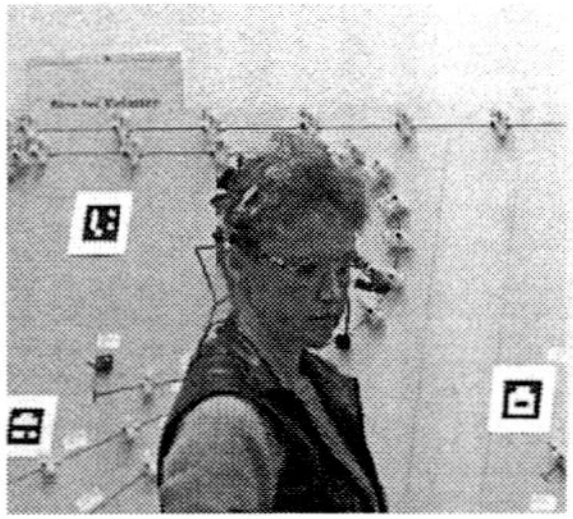

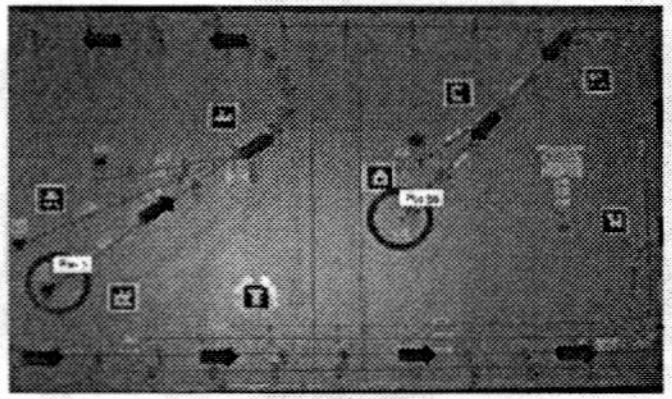

- Voice input of cable ID
- Display of starting, crossing and end points of an individual cable

Military Aircraft

Augmented Reality in Service Applications

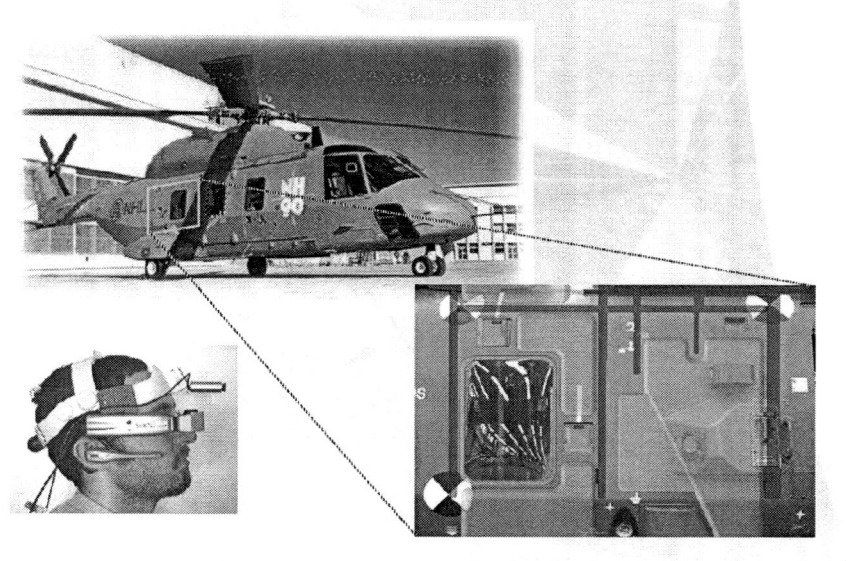

Page 25 — FhG IPP Magdeburg

Military Aircraft

Augmented Reality in Service Applications

➢ Inspection according to a checklist

➢ Support of the inspection by means of :
- a wearable computing system,
- a audio/video connection to a remote expert

➢ Classification of structural damages according to :

GRÜN ➢ uncritical standard repair

ROT ➢ critical, non-standard repair

5. AR/VR Basiertes Telemaintenance System

Military Aircraft

AR/VR Gestütztes Telemaintenance System

Übermittelte Inhalte

Mechaniker vor Ort
(im Krisengebiet)

Spezialist im Unterstützungszentrum.
Visualisierung am VR Modell

Military Aircraft

Kundenforderungen an ein Telemaintenance System

Allgemein

- Geringe Anzahl von Servicepersonal
- Hohe Qualifikation und Flexibilität
- Reparatur aller Systeme im Einsatz
- Spezialisten außerhalb des Krisengebietes

Abgeleitete, technische Anforderungen

- Sicherheit der Datenkommunikation
- Indoor/ Outdoor Nutzung
- Optimierte Mensch-Maschine Schnittstelle
- Aufteilung lokales/vernetztes Computing (wearable computing, update mit zentralem Server)

5. Zusammenfassung, Ausblick

Military Aircraft

Zusammenfassung

- Überblick über EADS Defense and Security
- Stand der AR Technologie nach ARTESAS Projekt
- Potential und Anwendungen der AR Technologie
- AR/VR Technologie bei Kriseneinsätzen

Military Aircraft

Ausblick

Forschungsbedarf
- AR/VR Autorensystem
- IT Sicherheitskonzepte
- AR Hardware
- AR Tracking und Sensor Fusion

Vortrag	5

Peter Klüger
KUKA Roboter GmbH
Productmanagement Automotive

»Virtuelle Industrieroboter – vom mechatronischen Entwurf zur Anlagensimulation«

Peter Klüger

Lebenslauf

Jahrgang 1954

1990-1995	Studium der Germanistik, Philosophie und Theologie an der LMU München
1996-2003	Studium der Elektrotechnik mit Studienschwerpunkt Regelungstechnik
1989 - 1999	KUKA Schweißanlagen GmbH, Augsburg in den Bereichen Anlagenplanung und Zukunftskonzepte
Seit 1999	KUKA Roboter GmbH in Augsburg innerhalb des strategischen Produktmanagements für den Bereich Automobil-Industrie und Querschnitts-Technologien

Zusammenfassung

Die Einsatzbereiche und Vorteile von "virtuellen Industrierobotern" sind sehr vielseitig. Sie kommen bei Kunden (Anlagenbauer, OEM) von Industrierobotern wie auch beim Roboterhersteller selbst vor. Aus Kundensicht wird der „virtuelle Roboter" anhand des Entwurfes von Produktionsanlagen simuliert. Aus Sicht des Herstellers während der Entwicklung bzw. der mechatronischen Entwurfs- und Optimierungsphase von Industrierobotern.

1. Kundensicht:

Einsatzfelder in der Industrie sind:
- der Automobilbau zur Anlagensimulation
- Maschinenbau zur Roboterzellen simulation
- Offlineprogrammierung von Robotern

Vorteile der Simulation und Offlineprogrammierung:
- Planungssicherheit: Zellenauswahl, Zellendesign
- Erreichbarkeits- und Kollisionsuntersuchung
- Opt. Anlagenauslastung durch Taktzeitvorhersage
- min. Stillstands- und Inbetriebnahmezeiten durch offline vorbereitete Programme

2. Herstellersicht:

„virtuelle Roboter" in der mechatronischen Entwurfs- und Optimierungsphase:
- modellbasierter Entwurf (Mechanik, Antriebstechnik, Produktdatenmodell)
- Entwurfsprozess
- Detailkonstruktion (CAD, FEM)

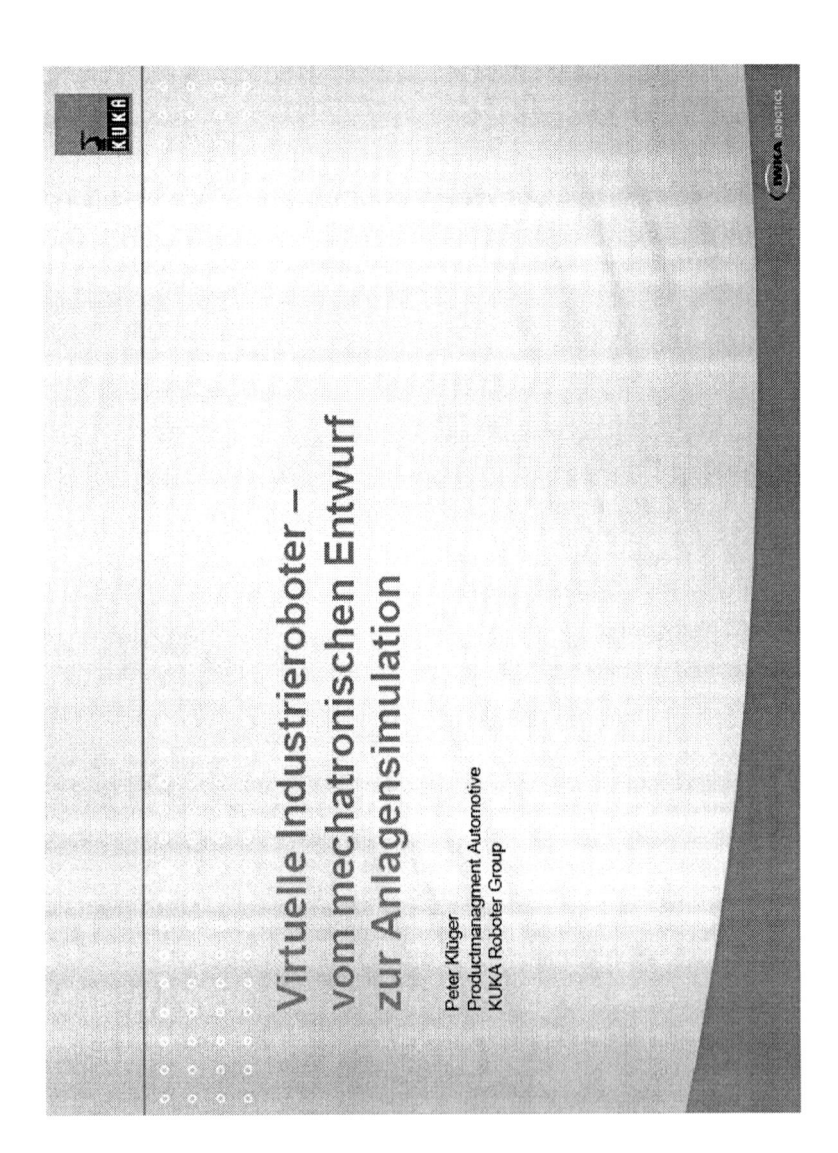

ᴋᴜᴋᴀ

Virtuelle Industrieroboter – vom mechatronischen Entwurf zur Anlagensimulation

Peter Klüger
Productmanagment Automotive
KUKA Roboter Group

Historie – Die Gründer 1898

Hans Keller

Jakob Knappich

KUKA – **K**eller **u**nd **K**nappich **A**ugsburg

KUKA in Augsburg – Der Firmenstammsitz

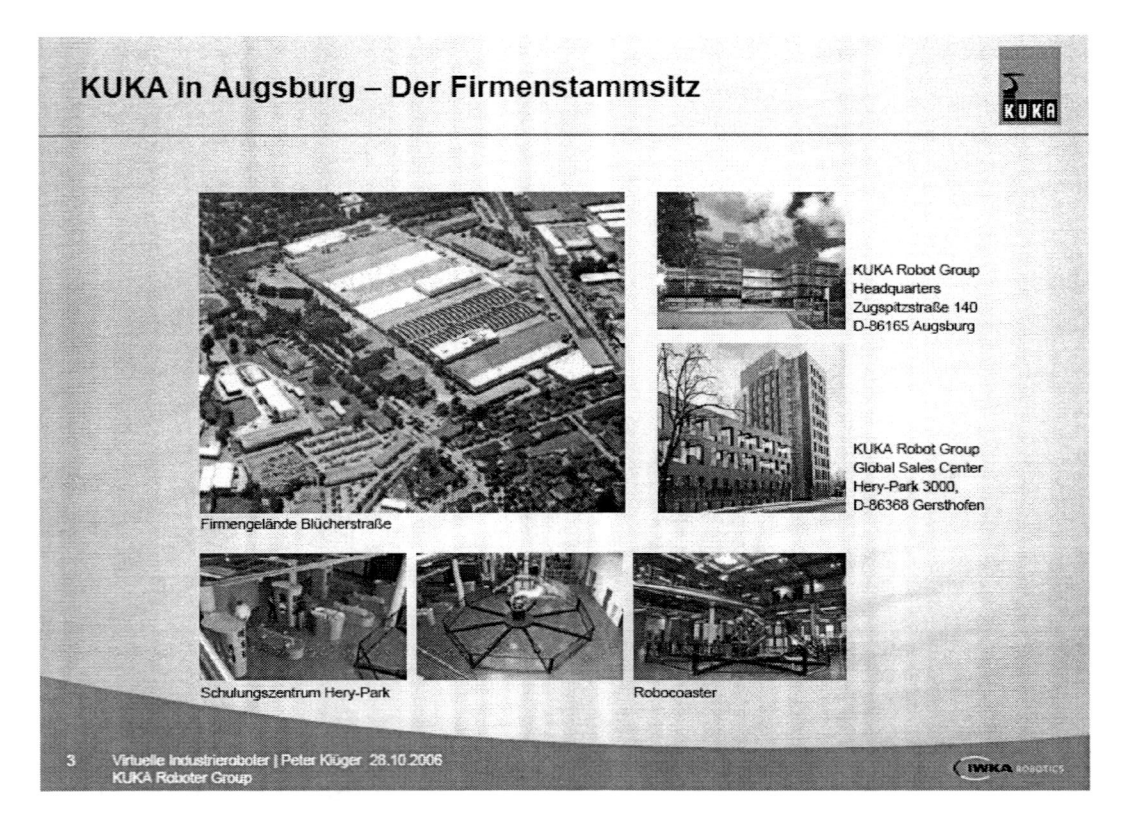

KUKA Robot Group
Headquarters
Zugspitzstraße 140
D-86165 Augsburg

KUKA Robot Group
Global Sales Center
Hery-Park 3000,
D-86368 Gersthofen

Firmengelände Blücherstraße

Schulungszentrum Hery-Park

Robocoaster

Virtuelle Industrieroboter | Peter Klüger 28.10.2006
KUKA Roboter Group

Wir sprechen Ihre Sprache!

Locations shown on world map:

- **North America**: Québec, Ontario, Michigan, Wisconsin, Nebraska, California, Texas, Georgia, Alabama, Mexico
- **South America**: Ancheta, São Paulo, Paraná, Argentina, Chile
- **Europe**: Norway, Sweden, UK, Belgium, France, Portugal, Spain, Germany, Austria, Switzerland, Italy, Poland, Russia, Hungary
- **Africa**: South Africa
- **Asia**: India, China, Korea, Taiwan, Thailand, Malaysia
- **Oceania**: Australia, New Zealand

- Subsidiary / Office
- ▲ Representative

Virtuelle Industrieroboter | Peter Klüger 28.10.2006
KUKA Roboter Group

Kennzahlen der KUKA Robot Group

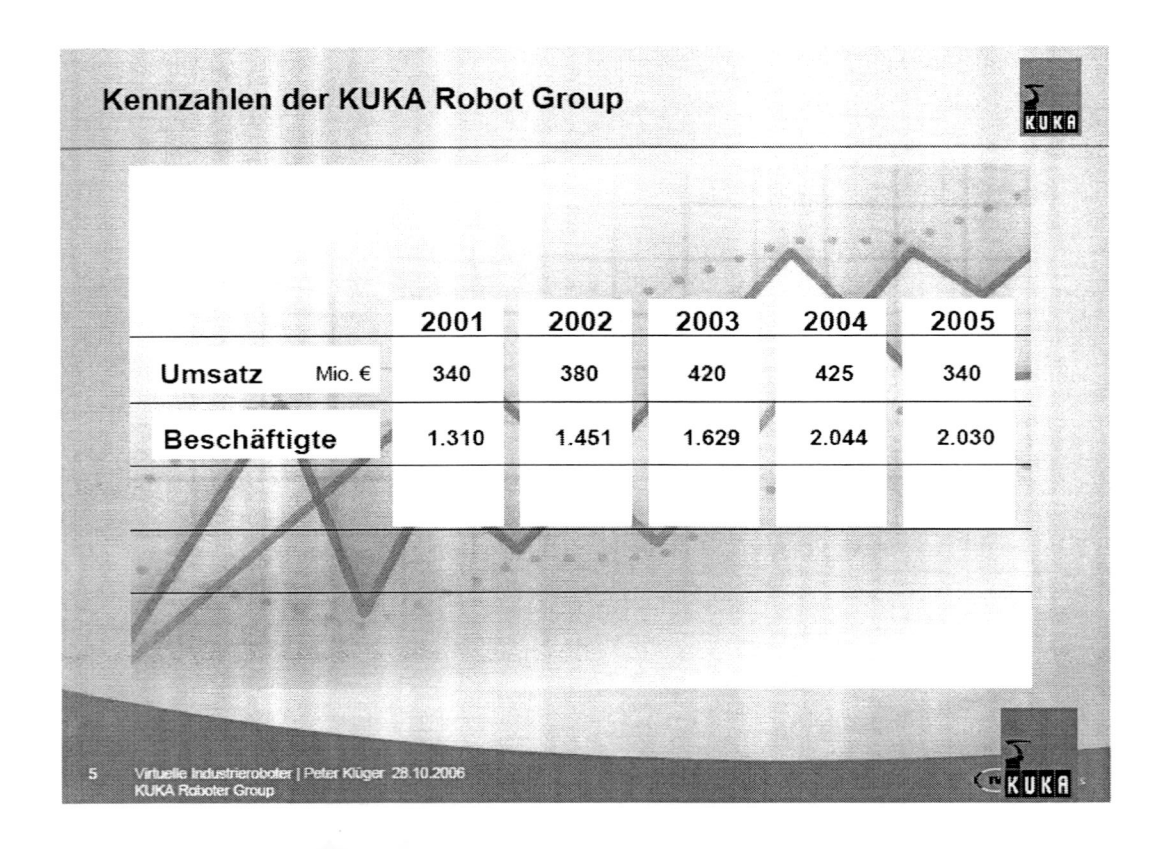

	2001	2002	2003	2004	2005
Umsatz Mio. €	340	380	420	425	340
Beschäftigte	1.310	1.451	1.629	2.044	2.030

Virtuelle Industrieroboter | Peter Klüger 28.10.2006
KUKA Roboter Group

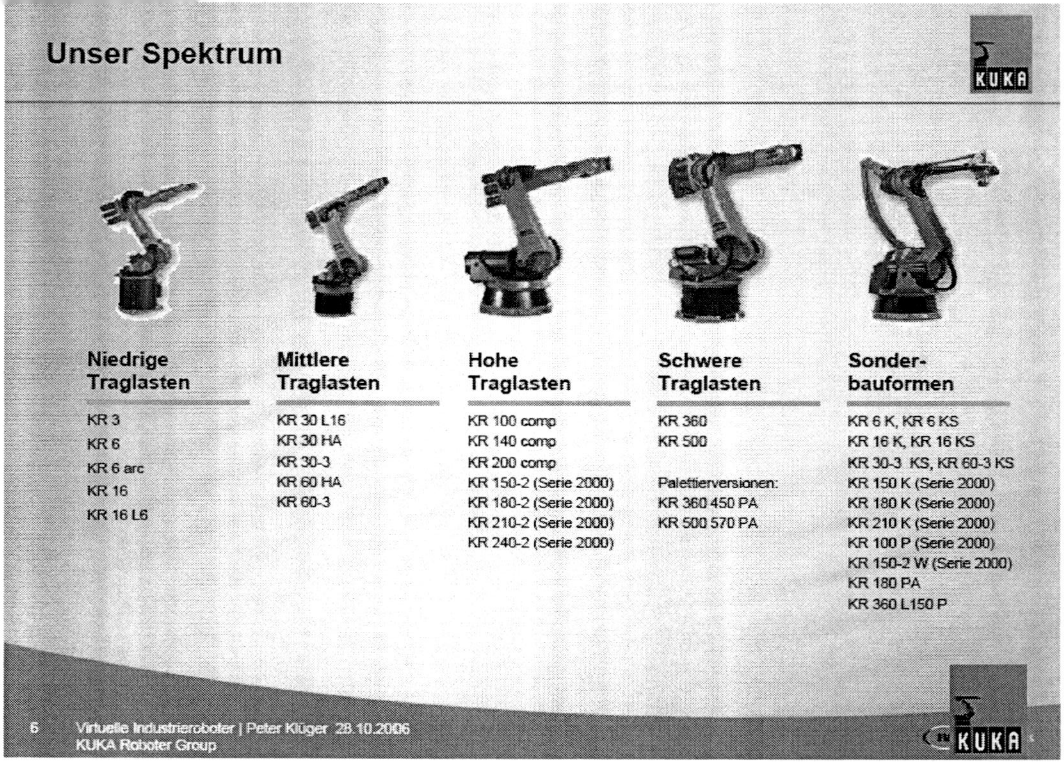

Unser Spektrum

Niedrige Traglasten	Mittlere Traglasten	Hohe Traglasten	Schwere Traglasten	Sonderbauformen
KR 3	KR 30 L16	KR 100 comp	KR 360	KR 6 K, KR 6 KS
KR 6	KR 30 HA	KR 140 comp	KR 500	KR 16 K, KR 16 KS
KR 6 arc	KR 30-3	KR 200 comp	Palettierversionen:	KR 30-3 KS, KR 60-3 KS
KR 16	KR 60 HA	KR 150-2 (Serie 2000)	KR 360 450 PA	KR 150 K (Serie 2000)
KR 16 L6	KR 60-3	KR 180-2 (Serie 2000)	KR 500 570 PA	KR 180 K (Serie 2000)
		KR 210-2 (Serie 2000)		KR 210 K (Serie 2000)
		KR 240-2 (Serie 2000)		KR 100 P (Serie 2000)
				KR 150-2 W (Serie 2000)
				KR 180 PA
				KR 360 L150 P

Virtuelle Industrieroboter | Peter Klüger 28.10.2006
KUKA Roboter Group

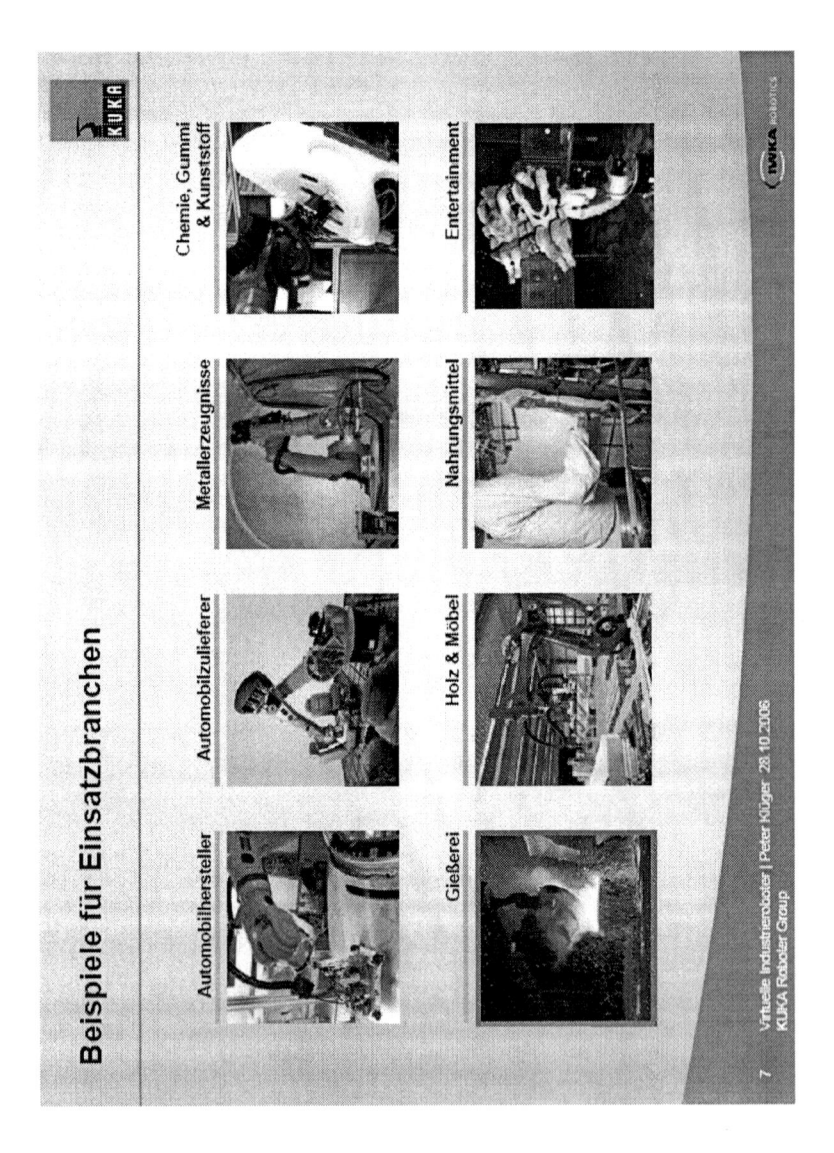

Beispiele für Einsatzbranchen

Automobilhersteller

Automobilzulieferer

Metallerzeugnisse

Chemie, Gummi & Kunststoff

Gießerei

Holz & Möbel

Nahrungsmittel

Entertainment

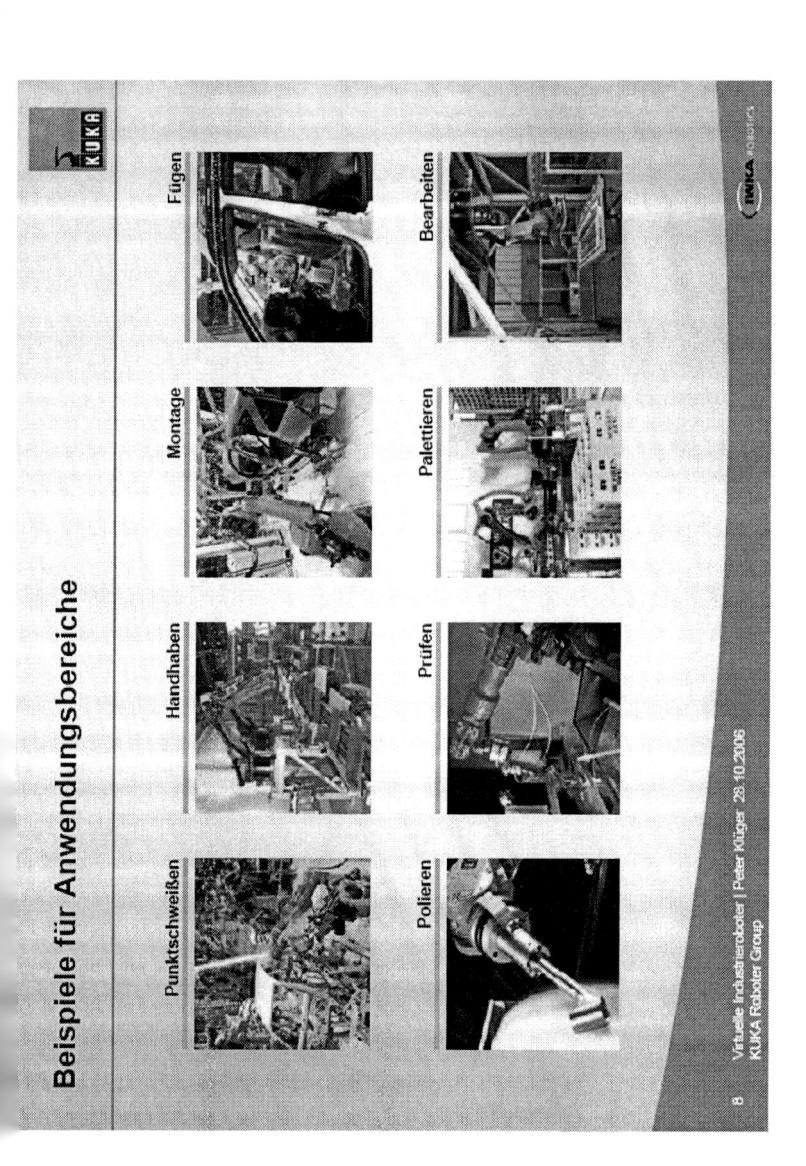

Beispiele für Anwendungsbereiche

Fügen

Bearbeiten

Montage

Palettieren

Handhaben

Prüfen

Punktschweißen

Polieren

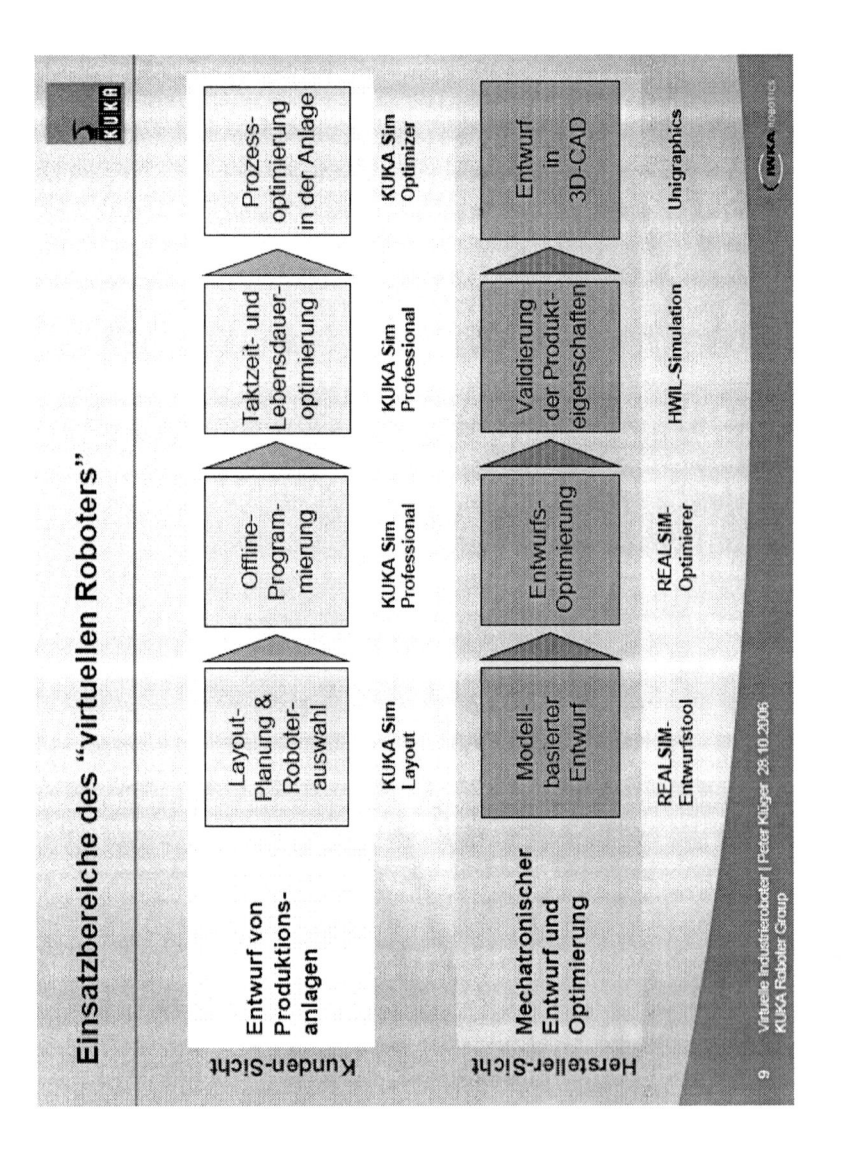

Einsatzbereiche des "virtuellen Roboters"

Kunden-Sicht

Entwurf von Produktionsanlagen

- Layout-Planung & Roboterauswahl — KUKA Sim Layout
- Offline-Programmierung — KUKA Sim Professional
- Taktzeit- und Lebensdaueroptimierung — KUKA Sim Professional
- Prozessoptimierung in der Anlage — KUKA Sim Optimizer

Hersteller-Sicht

Mechatronischer Entwurf und Optimierung

- Modellbasierter Entwurf — REALSIM-Entwurfstool
- Entwurfs-Optimierung — REALSIM-Optimierer
- Validierung der Produkteigenschaften — HWIL-Simulation
- Entwurf in 3D-CAD — Unigraphics

Virtuelle Industrieroboter | Peter Klüger 28.10.2006
KUKA Roboter Group

148

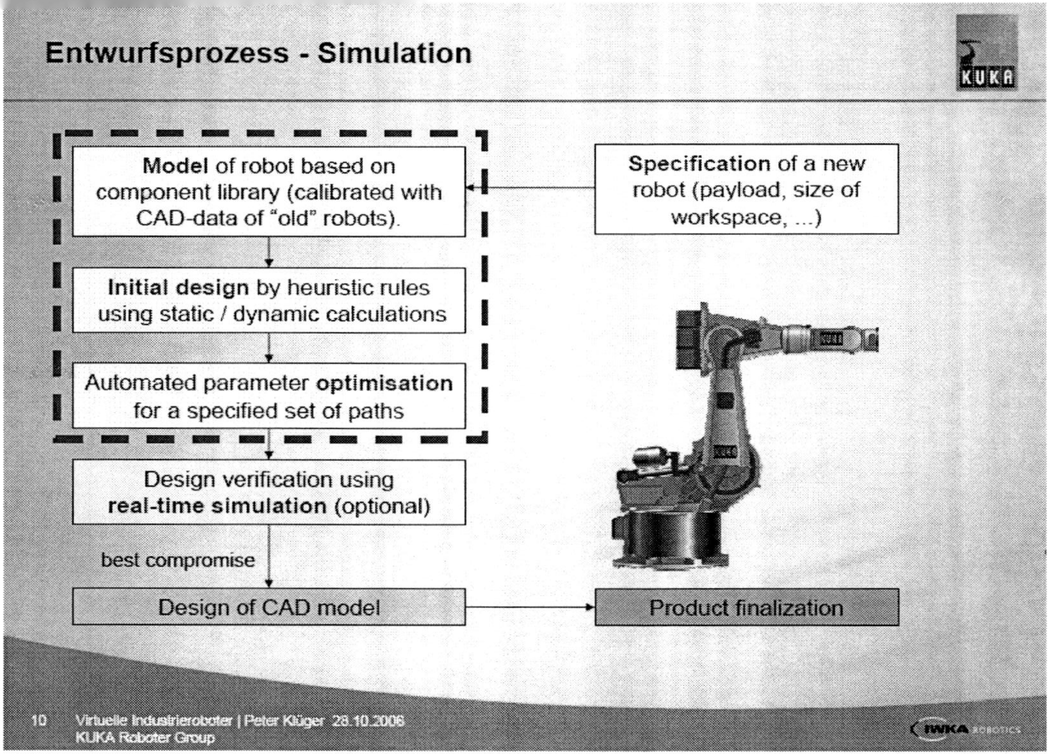

Entwurfsprozess - Simulation

Specification of a new robot (payload, size of workspace, ...)

Model of robot based on component library (calibrated with CAD-data of "old" robots).

Initial design by heuristic rules using static / dynamic calculations

Automated parameter **optimisation** for a specified set of paths

Design verification using **real-time simulation** (optional)

best compromise

Design of CAD model

Product finalization

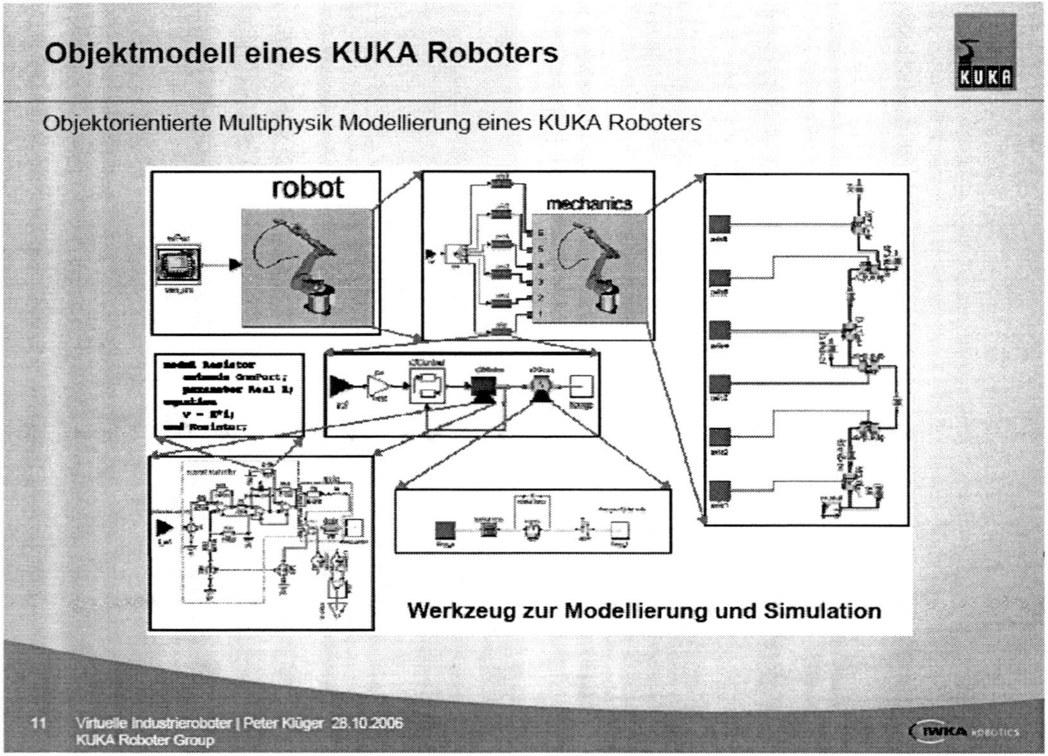
Objektmodell eines KUKA Roboters
KUKA
Objektorientierte Multiphysik Modellierung eines KUKA Roboters
robot
mechanics
model Resistor
extends OnePort;
parameter Real R;
equation
v = R*i;
end Resistor;
Werkzeug zur Modellierung und Simulation
11 Virtuelle Industrieroboter | Peter Klüger 28.10.2006
KUKA Roboter Group
IWKA ROBOTICS

Objektmodell eines KUKA Roboters

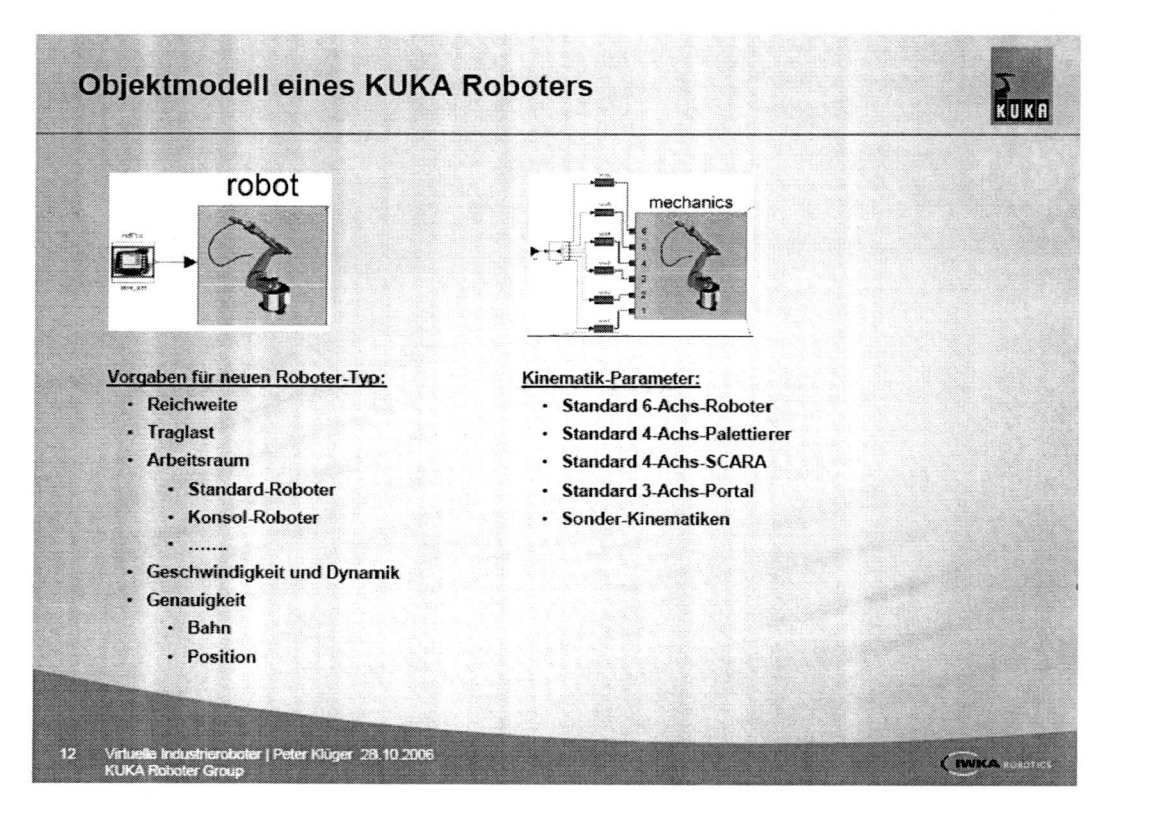

robot   mechanics

Vorgaben für neuen Roboter-Typ:
- Reichweite
- Traglast
- Arbeitsraum
  - Standard-Roboter
  - Konsol-Roboter
  - ......
- Geschwindigkeit und Dynamik
- Genauigkeit
  - Bahn
  - Position

Kinematik-Parameter:
- Standard 6-Achs-Roboter
- Standard 4-Achs-Palettierer
- Standard 4-Achs-SCARA
- Standard 3-Achs-Portal
- Sonder-Kinematiken

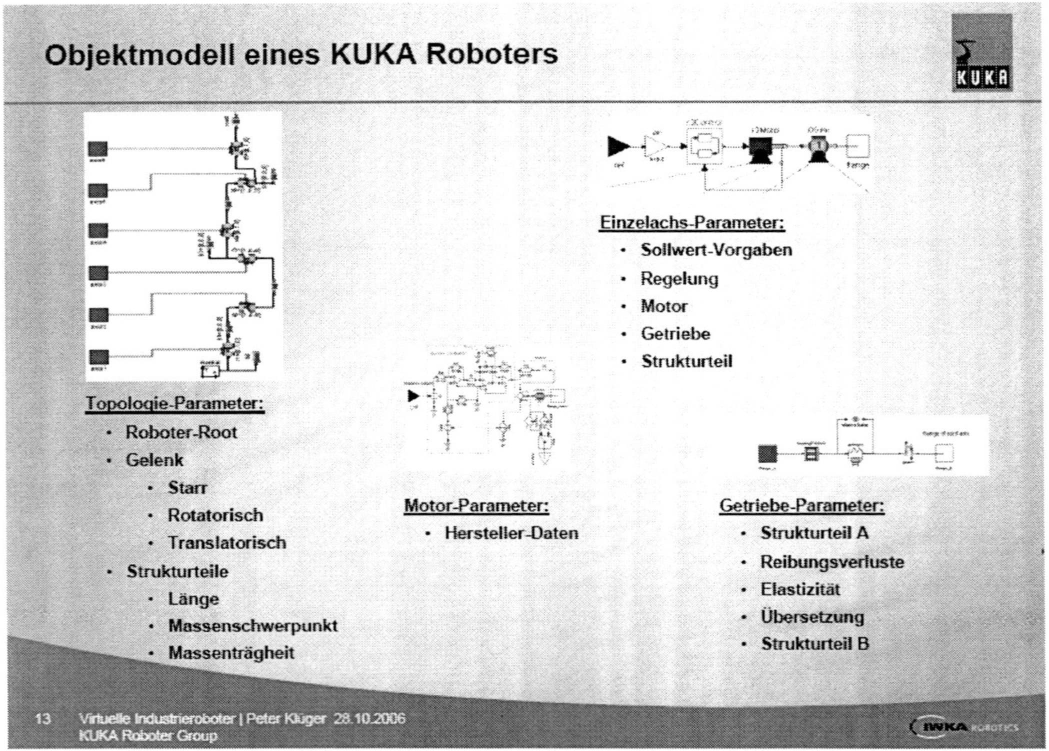

Objektmodell eines KUKA Roboters

Einzelachs-Parameter:
- Sollwert-Vorgaben
- Regelung
- Motor
- Getriebe
- Strukturteil

Getriebe-Parameter:
- Strukturteil A
- Reibungsverluste
- Elastizität
- Übersetzung
- Strukturteil B

Motor-Parameter:
- Hersteller-Daten

Topologie-Parameter:
- Roboter-Root
- Gelenk
  - Starr
  - Rotatorisch
  - Translatorisch
- Strukturteile
  - Länge
  - Massenschwerpunkt
  - Massenträgheit

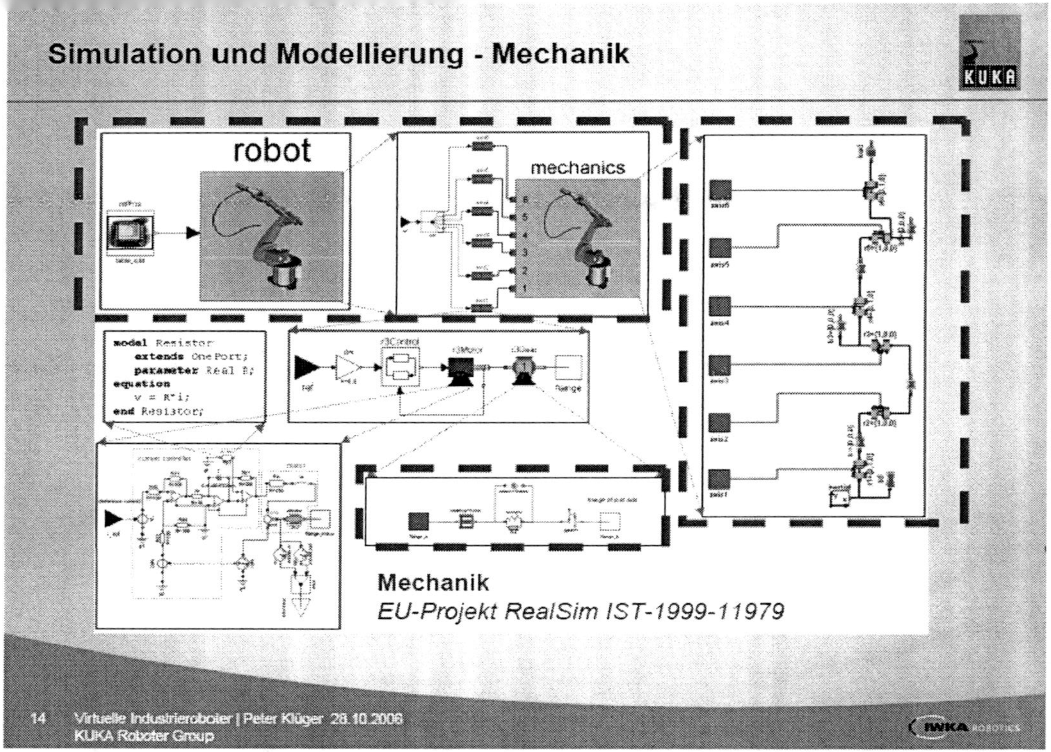

Simulation und Modellierung - Mechanik

Mechanik
EU-Projekt RealSim IST-1999-11979

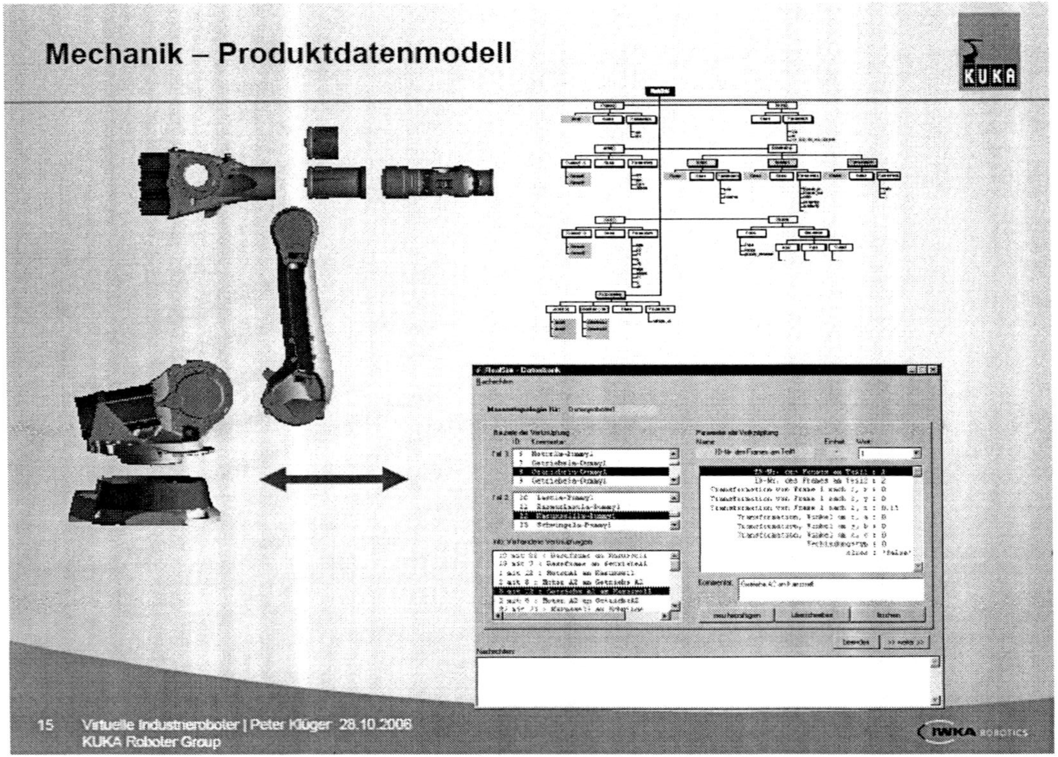

Mechanik – Produktdatenmodell

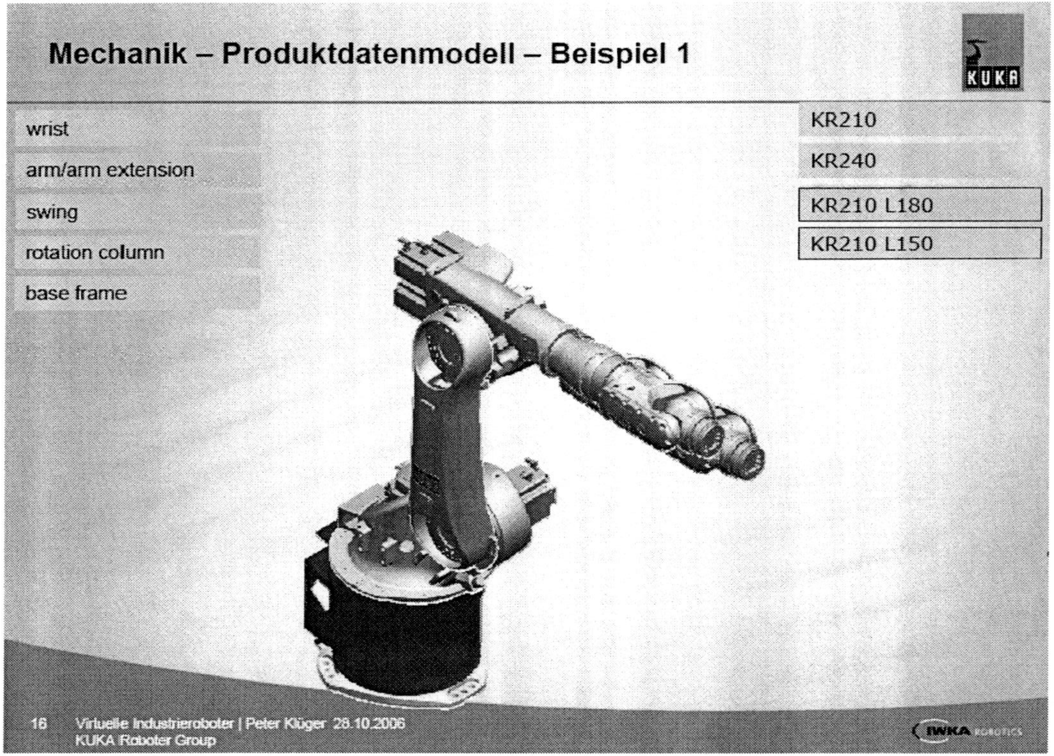

Mechanik – Produktdatenmodell – Beispiel 1

wrist	KR210
arm/arm extension	KR240
swing	KR210 L180
rotation column	KR210 L150
base frame	

16 Virtuelle Industrieroboter | Peter Klüger 28.10.2006
KUKA Roboter Group

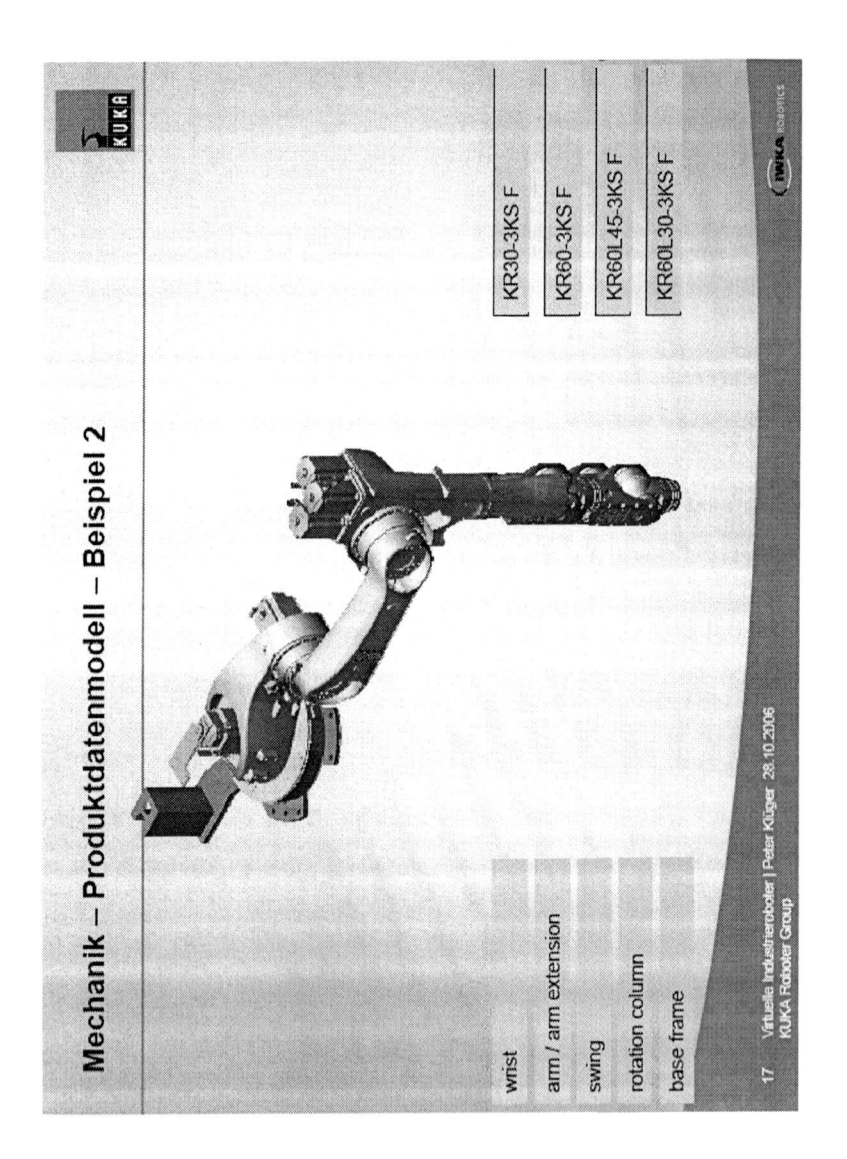

Mechanik – Produktdatenmodell – Beispiel 2

- KR30-3KS F
- KR60-3KS F
- KR60L45-3KS F
- KR60L30-3KS F

- wrist
- arm / arm extension
- swing
- rotation column
- base frame

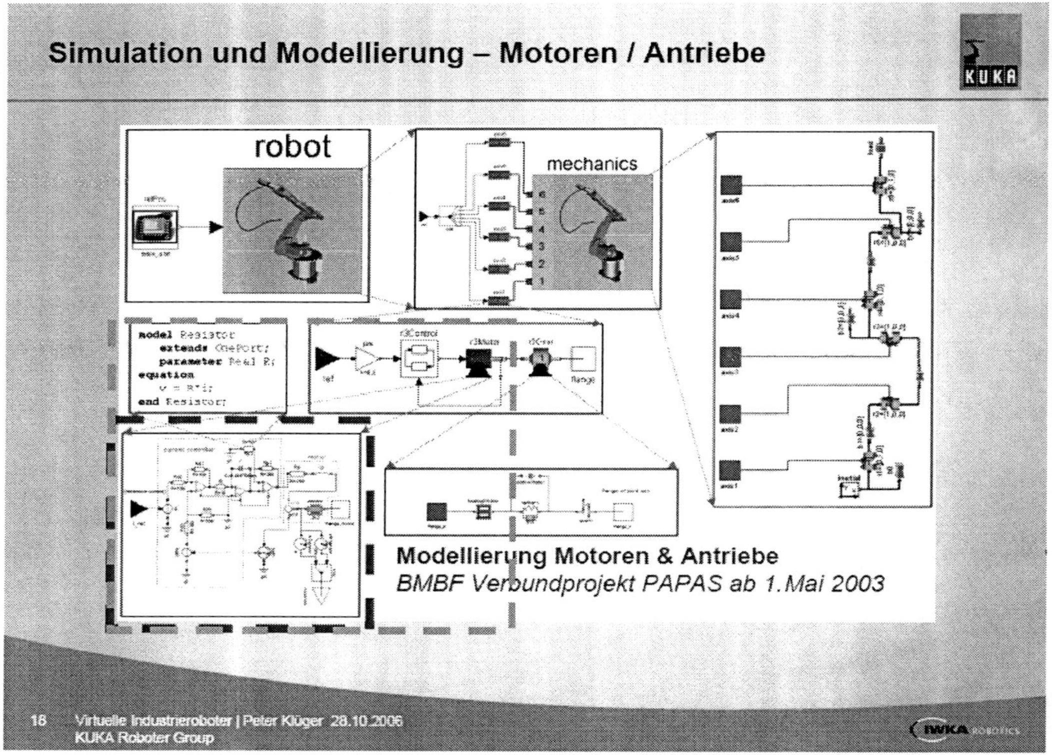

Simulation und Modellierung – Motoren / Antriebe

Modellierung Motoren & Antriebe
BMBF Verbundprojekt PAPAS ab 1.Mai 2003

Allgemeine Parameter-Optimierung

- Mechatronische Parameter bestimmen Roboter-Performance
- Manuelle Optimierung ist zeit- und kostenintensiv
- **Ansatz in RealSim**
  - Verwendung von mathematischen Optimierungstools
  - Min-Max Optimierung
  - „Multi-Ziel" Parameter Optimierung
    - Zykluszeit
    - Energieverbrauch / Kosten
  - Freiheitsgrade der Optimierung
    - Motor (aus Liste)
    - Getriebeparameter
    - Strukturparameter
  - .....
  - Ergebnis
    - Realitätsnahe „Case Study"
    - Deutliche Verringerung der Entwicklungszeit

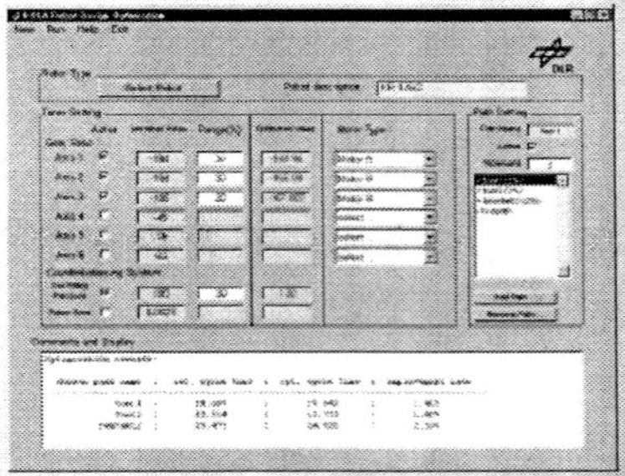

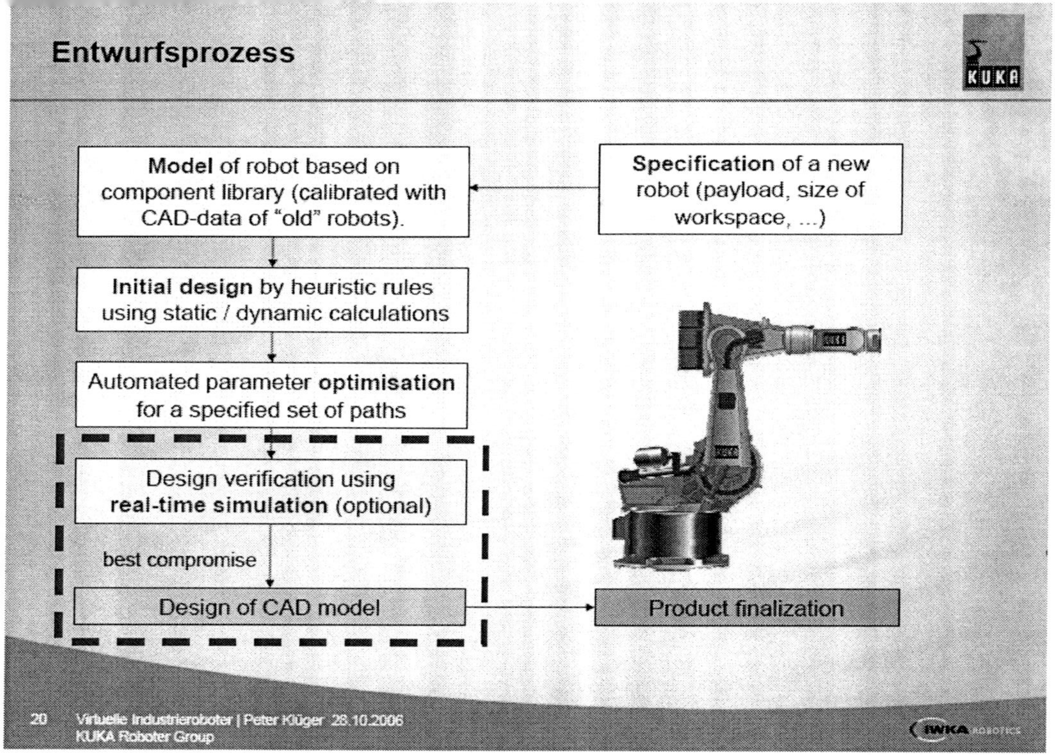

Entwurfsprozess

```
Specification of a new robot (payload, size of workspace, ...)
          ↓
Model of robot based on component library (calibrated with CAD-data of "old" robots).
          ↓
Initial design by heuristic rules using static / dynamic calculations
          ↓
Automated parameter optimisation for a specified set of paths
          ↓
Design verification using real-time simulation (optional)
          ↓
best compromise
          ↓
Design of CAD model
          ↓
Product finalization
```

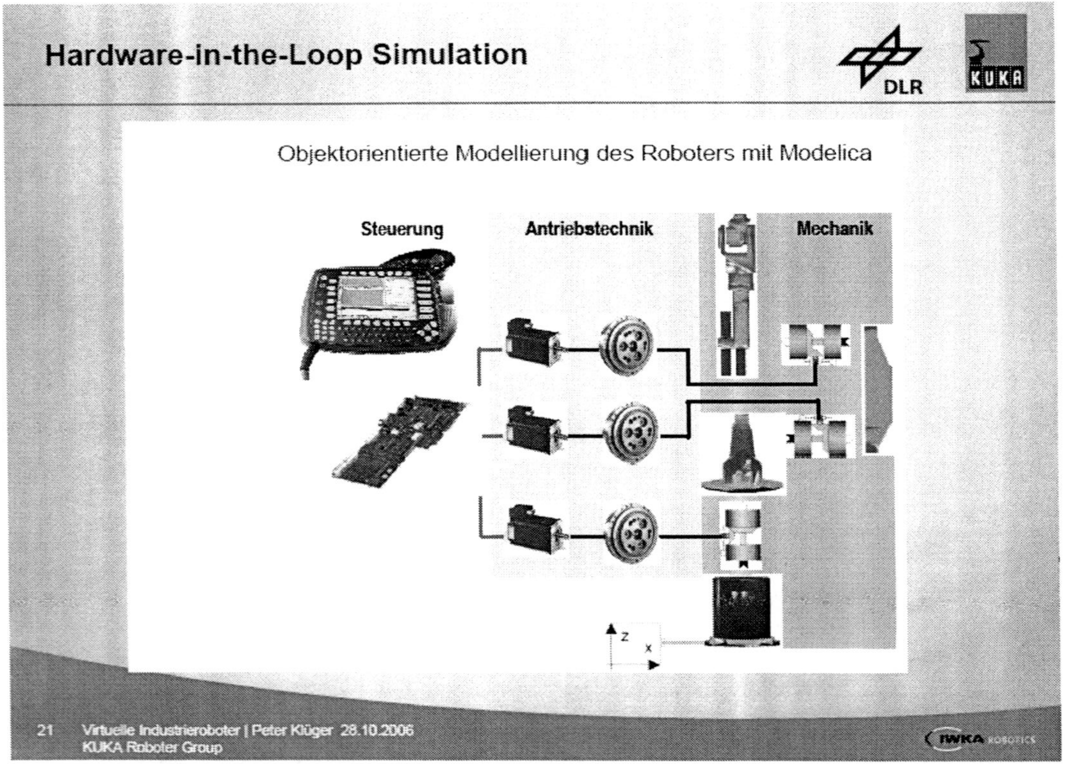

Hardware-in-the-Loop Simulation

Objektorientierte Modellierung des Roboters mit Modelica

Steuerung **Antriebstechnik** **Mechanik**

Hardware-in-the-Loop Simulation

Steuerung
Office-PC

Echtzeitsimulation der Roboterdynamik
(MKS, Antriebe, Regler)

Bedienungsumgebung mit KCP

Ethernet

161

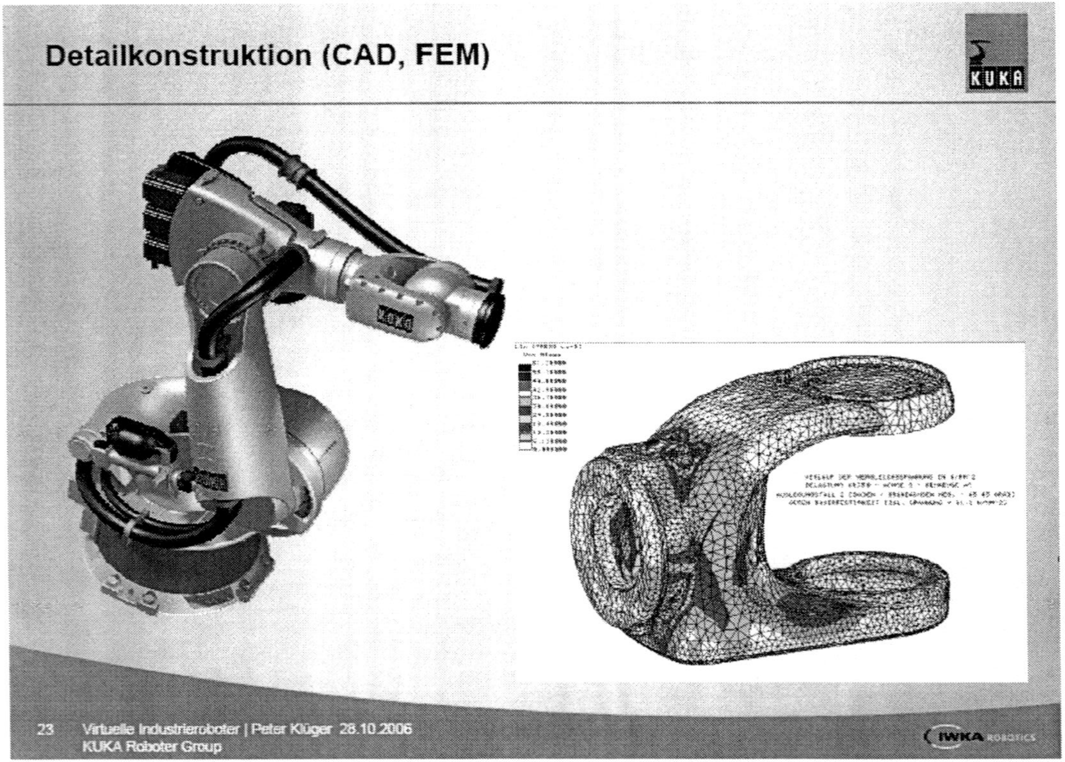
Detailkonstruktion (CAD, FEM)
KUKA
23 Virtuelle Industrieroboter | Peter Küger 28.10.2006
KUKA Roboter Group
IWKA ROBOTICS

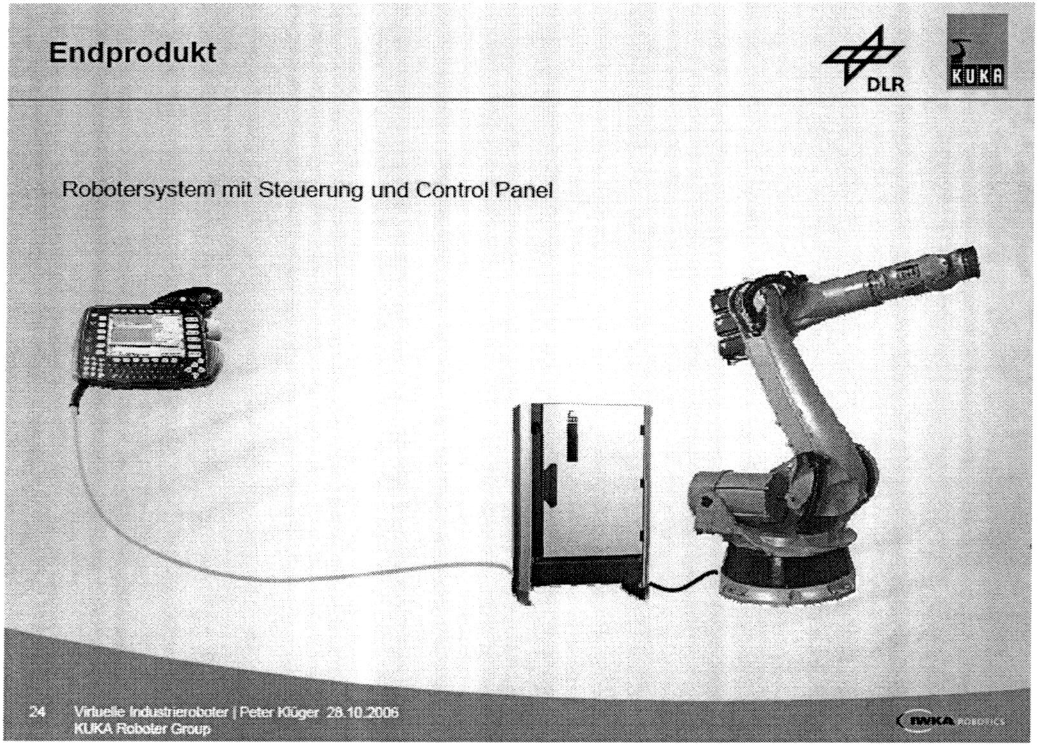

Endprodukt

Robotersystem mit Steuerung und Control Panel

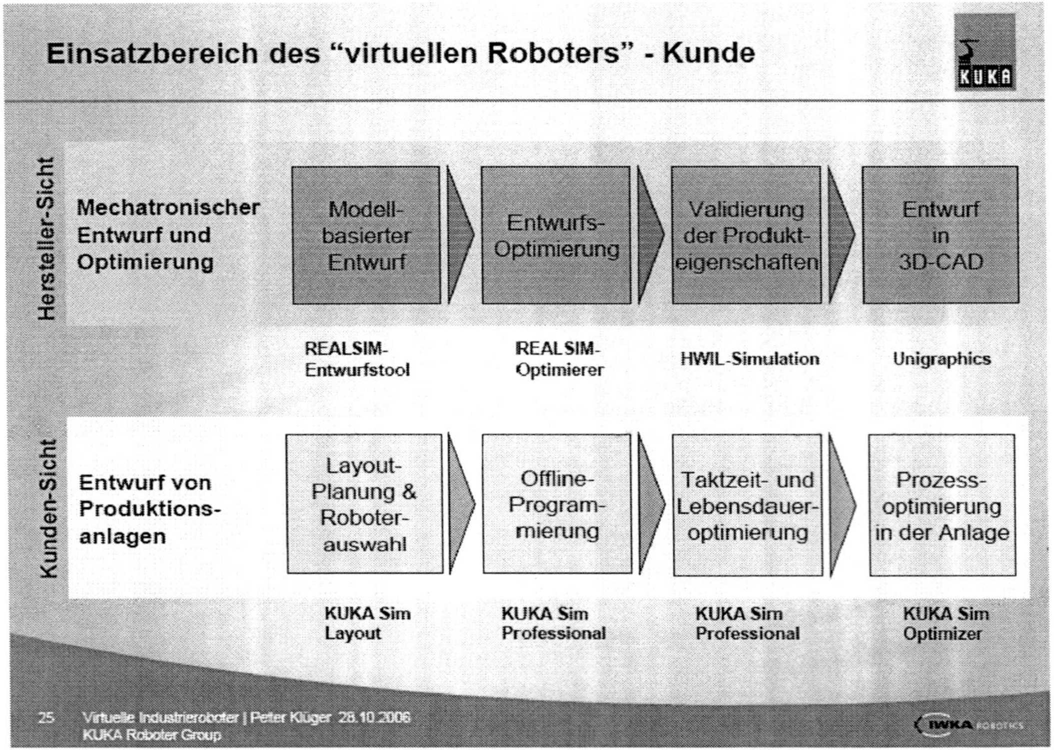

Einsatzbereich des "virtuellen Roboters" - Kunde

Hersteller-Sicht

Mechatronischer Entwurf und Optimierung

Modell-basierter Entwurf → Entwurfs-Optimierung → Validierung der Produkteigenschaften → Entwurf in 3D-CAD

REALSIM-Entwurfstool | REAL SIM-Optimierer | HWIL-Simulation | Unigraphics

Kunden-Sicht

Entwurf von Produktionsanlagen

Layout-Planung & Roboterauswahl → Offline-Programmierung → Taktzeit- und Lebensdauer-optimierung → Prozessoptimierung in der Anlage

KUKA Sim Layout | KUKA Sim Professional | KUKA Sim Professional | KUKA Sim Optimizer

25 Virtuelle Industrieroboter | Petter Klüger 26.10.2006
KUKA Roboter Group

Motivation für die „Digitale Fabrik"

Reduzierung der Investitionskosten im Karosseriebau:

- Einsparungseffekte bisher hauptsächlich im Bereich Kaufteile
- Zunehmende Konzentration auf Engineering und Inbetriebnahme
- Verstärkter Einsatz von Simulation und virtueller Inbetriebnahme

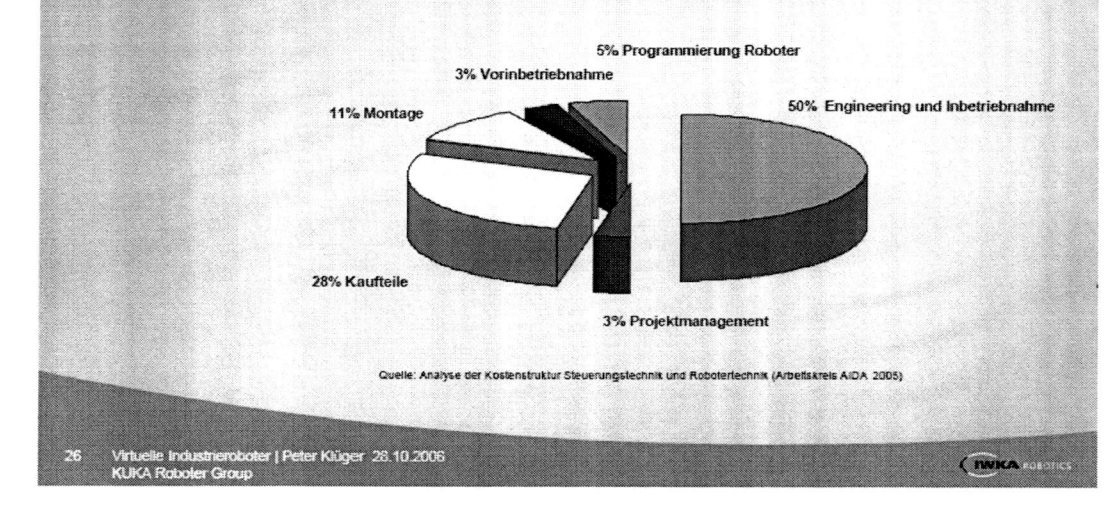

- 5% Programmierung Roboter
- 50% Engineering und Inbetriebnahme
- 3% Vorinbetriebnahme
- 3% Projektmanagement
- 11% Montage
- 28% Kaufteile

Quelle: Analyse der Kostenstruktur Steuerungstechnik und Robotertechnik. (Arbeitskreis AIDA 2005)

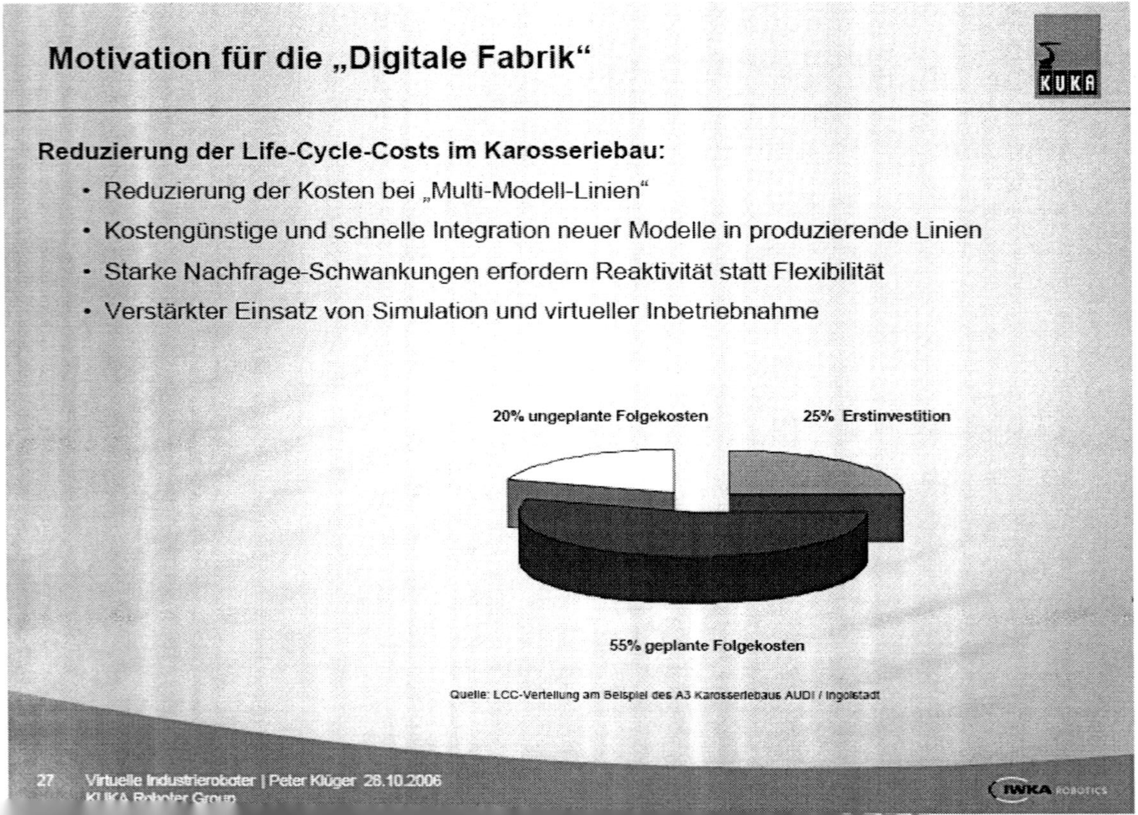

Motivation für die „Digitale Fabrik"

Reduzierung der Life-Cycle-Costs im Karosseriebau:

- Reduzierung der Kosten bei „Multi-Modell-Linien"
- Kostengünstige und schnelle Integration neuer Modelle in produzierende Linien
- Starke Nachfrage-Schwankungen erfordern Reaktivität statt Flexibilität
- Verstärkter Einsatz von Simulation und virtueller Inbetriebnahme

25% Erstinvestition
20% ungeplante Folgekosten
55% geplante Folgekosten

Quelle: LCC-Verteilung am Beispiel des A3 Karosseriebaus AUDI / Ingolstadt

27 Virtuelle Industrieroboter | Peter Klüger 26.10.2006
KUKA Roboter Group

Bedeutung der Simulation in der Industrie

Aktueller Status zum Einsatz von Simulationen

- In der europäischen Automobil-Industrie werden schon jetzt viele Anlagen simuliert
- Im allgemeinen Maschinenbau werden komplexe Roboterzellen zunehmend simuliert
- In der Luftfahrt-Industrie und in der Medizintechnik steigt der Bedarf an Simulation
- Die Verbreitung von Offline-Programmierung nimmt stetig zu

Automotive:
Arbeitsraumstudie Handhabung Presse

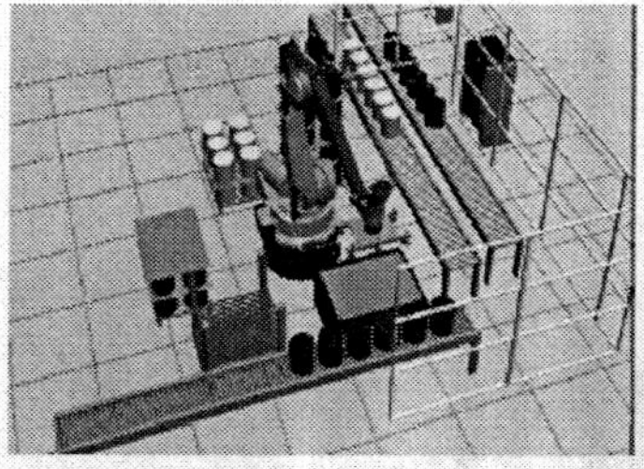

Allgemeine Industrie:
Taktzeitstudie Palettieren

Bedeutung der Simulation in der Industrie

Vorteile von Simulation und Offline-Programmierung

- Planungssicherheit hinsichtlich Roboterauswahl und Zellendesign
- Erreichbarkeits- und Kollisionsuntersuchungen
- optimierte Anlagenauslastung durch Taktzeitvorhersage
- minimierte Inbetriebnahmezeiten durch offline vorbereitete Programme

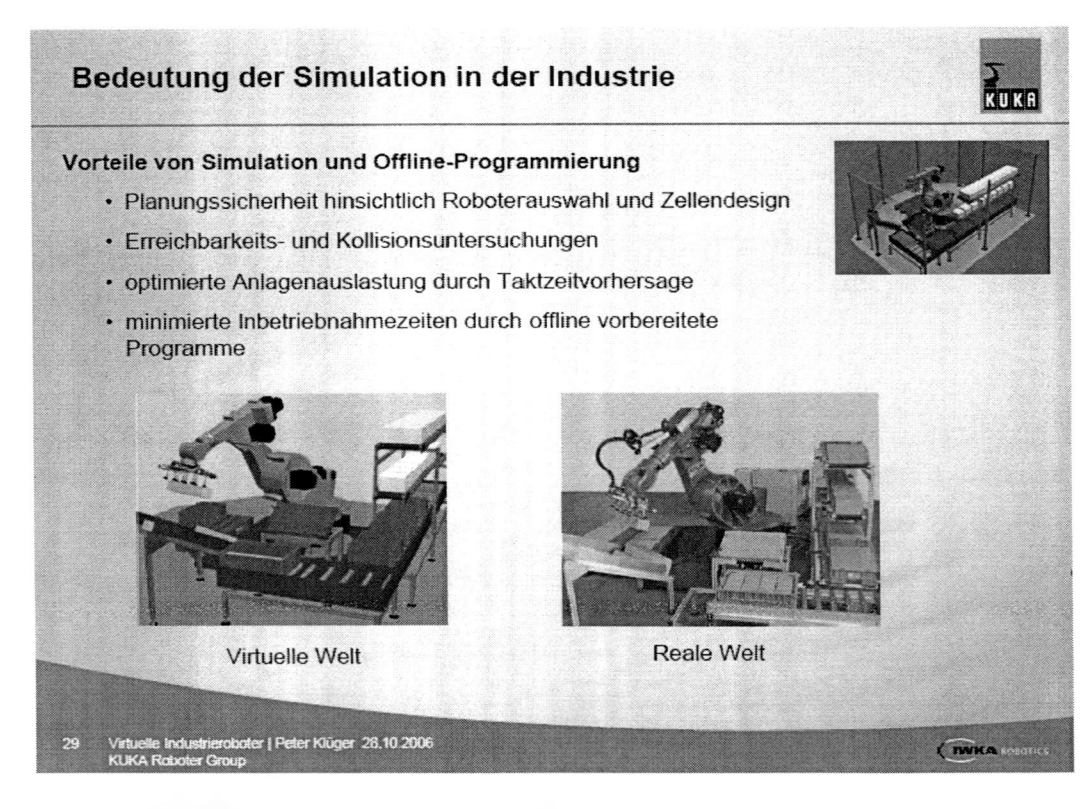

Virtuelle Welt

Reale Welt

29 Virtuelle Industrieroboter | Peter Krüger 28.10.2006
KUKA Roboter Group

Bedeutung der Simulation in der Industrie

Optimierungskriterien von Simulation und Offline-Programmierung

- Geschwindigkeit und Taktzeit
- Wechselwirkungen zu produzierenden Anlagenteilen
- Fuge-Folgen
- Maschinenauslastung
- Energiebedarf des Roboters
- Lebenszyklus von Maschinen und Zubehör
- Vorzugslagen der Prozesse

Bedeutung der Simulation in der Industrie

Neue Technologie-Konzepte und Prozesse lassen sich ohne Simulation zum Teil nicht mehr realisieren:

- Kooperierende Robotergruppen
  - Automobil-Industrie
  - Luftfahrt-Industrie
- Hochgenaue Produktionsaufgaben
  - Luftfahrt-Industrie
  - Medizintechnik
- Applikationen mit extrem vielen Prozess- oder Bahnpunkten
  - Luftfahrt-Industrie
  - Allgemeine Industrie
- Remote Prozesse
  - Remote LASER-Schweißen

Bedeutung der Simulation in der Industrie

Kooperierende Robotergruppen und hochgenaue Produktionsaufgaben in der Simulation und Offline-Programmierung

- Hochkomplexe Robotergruppen im „kooperierenden" Modus lassen sich mit üblicher Vorgehensweise nicht mehr programmieren
- Hochgenaue Bearbeitungsprogramme im Bereich der Luftfahrt-Industrie sind nur durch den direkten Zugriff auf CAD-Daten zu erstellen

Simulation einer kooperierenden Robotergruppe mit 5 Robotern

Bedeutung der Simulation in der Industrie

- Applikationen mit extrem vielen Prozess- oder Bahnpunkten in der Simulation und Offline-Programmierung
  - Klassische Applikationen in der Luftfahrt-Industrie umfassen zum Teil pro Bauteil bis 4000 Prozesspunkte (Bohren / Nieten / Fräsen)
  - Bearbeitungs-Applikationen in der allgemeinen Industrie in den Bereichen Prototypenbau und kleine Losgrößen

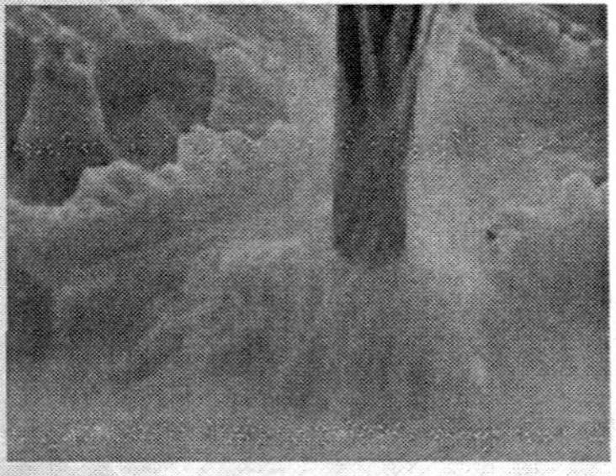

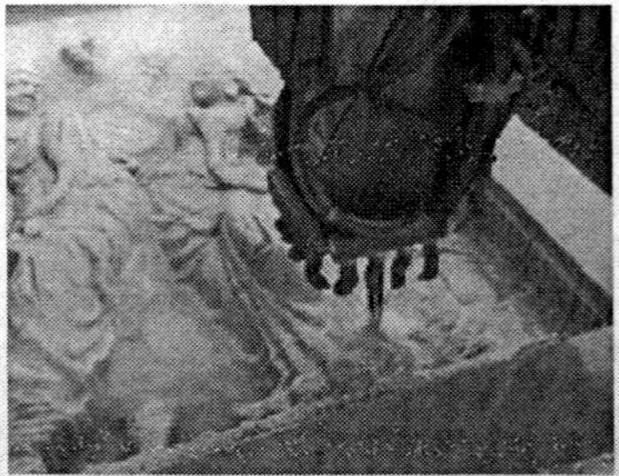

Applikation aus Indien mit einer Bearbeitungszeit von ca. 20 Std.

Bedeutung der Simulation in der Industrie

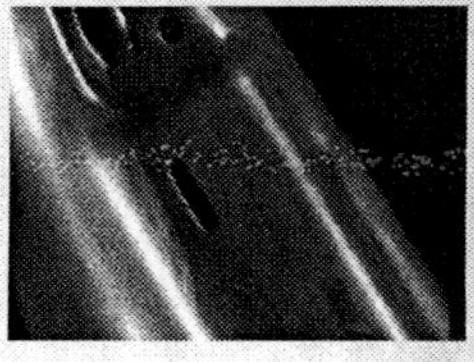

Remote-Prozesse mit variablem oder nicht erkennbarem TCP (Tool Center Point) in der Simulation und Offline-Programmierung

- Remote-Prozesse wie z.B. Remote-LASER
  - Brennweiten von bis zu 1800mm
  - Servo-Fokussier-Optik
  - Positions- und orientierungsabhängige Fokussierung

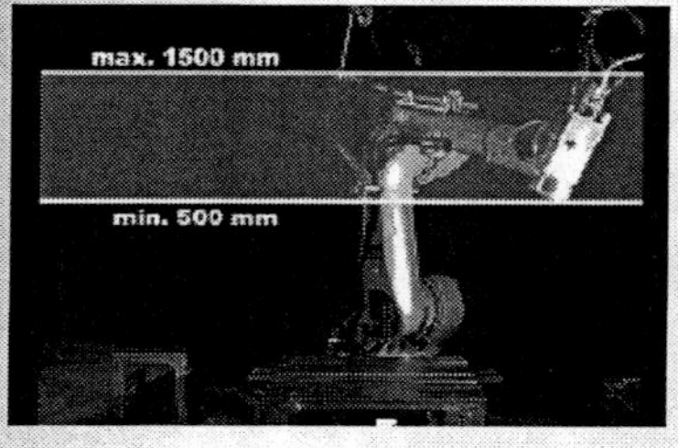

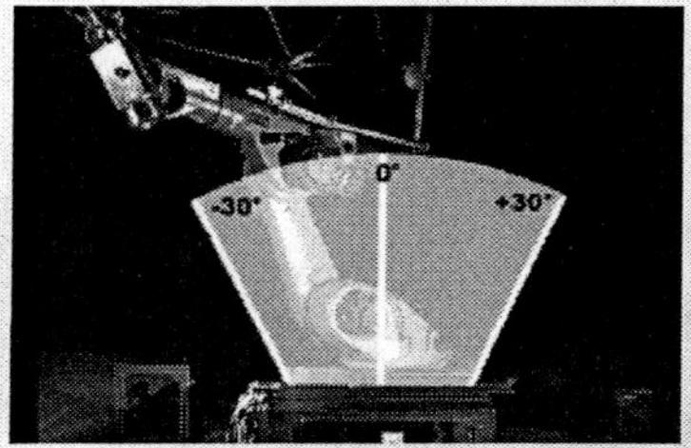

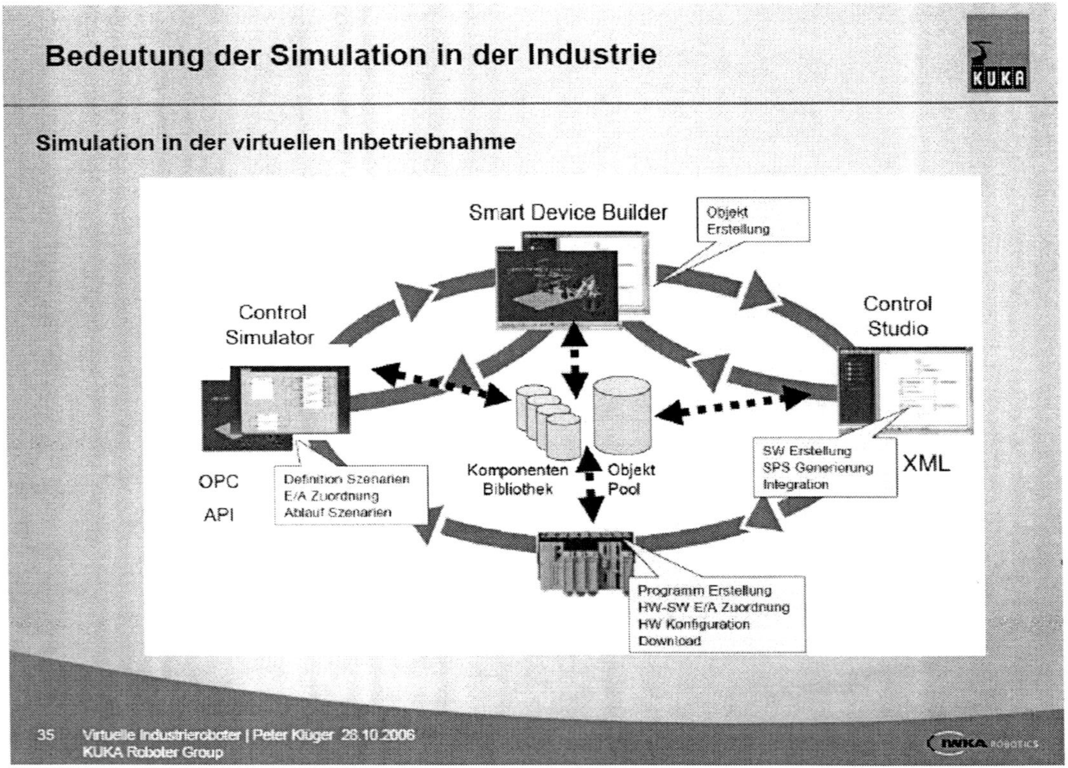

Bedeutung der Simulation in der Industrie

Simulation in der virtuellen Inbetriebnahme

Bedeutung der Simulation in der Industrie

Simulation in der virtuellen Inbetriebnahme

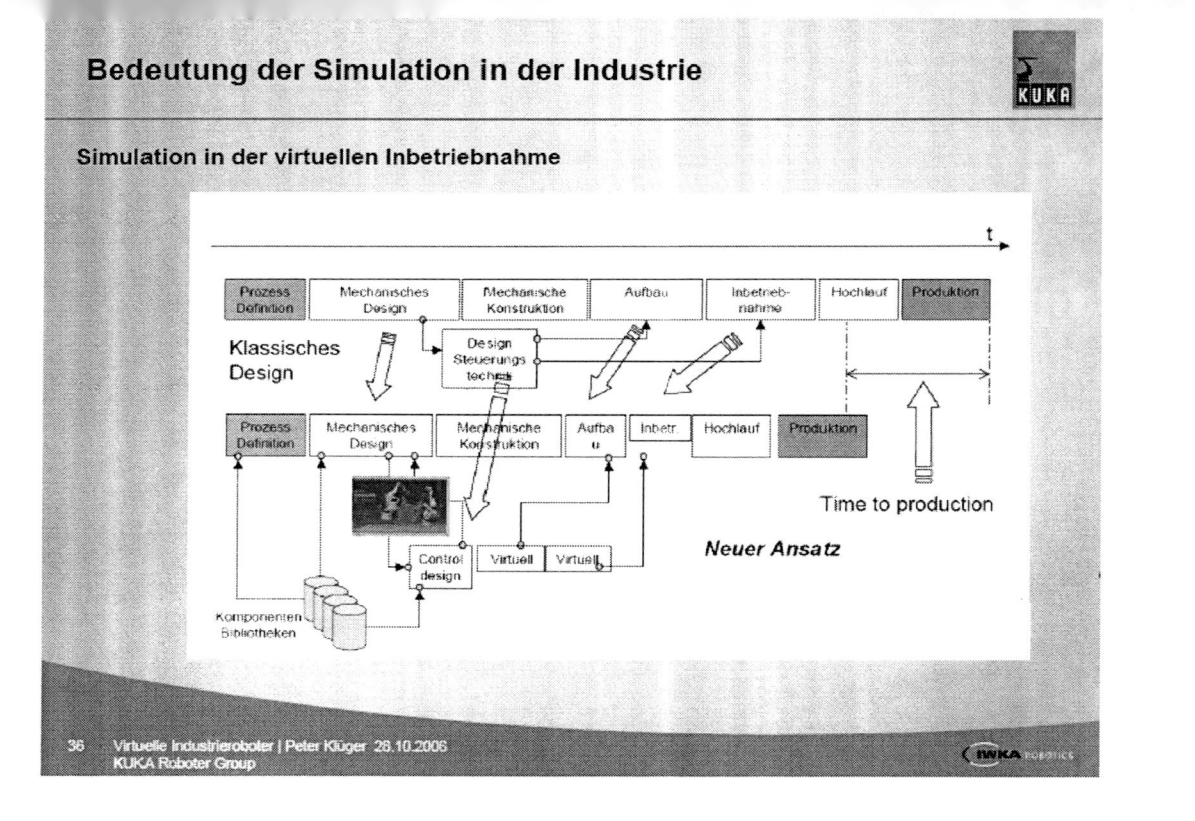

Klassisches Design

Neuer Ansatz

Time to production

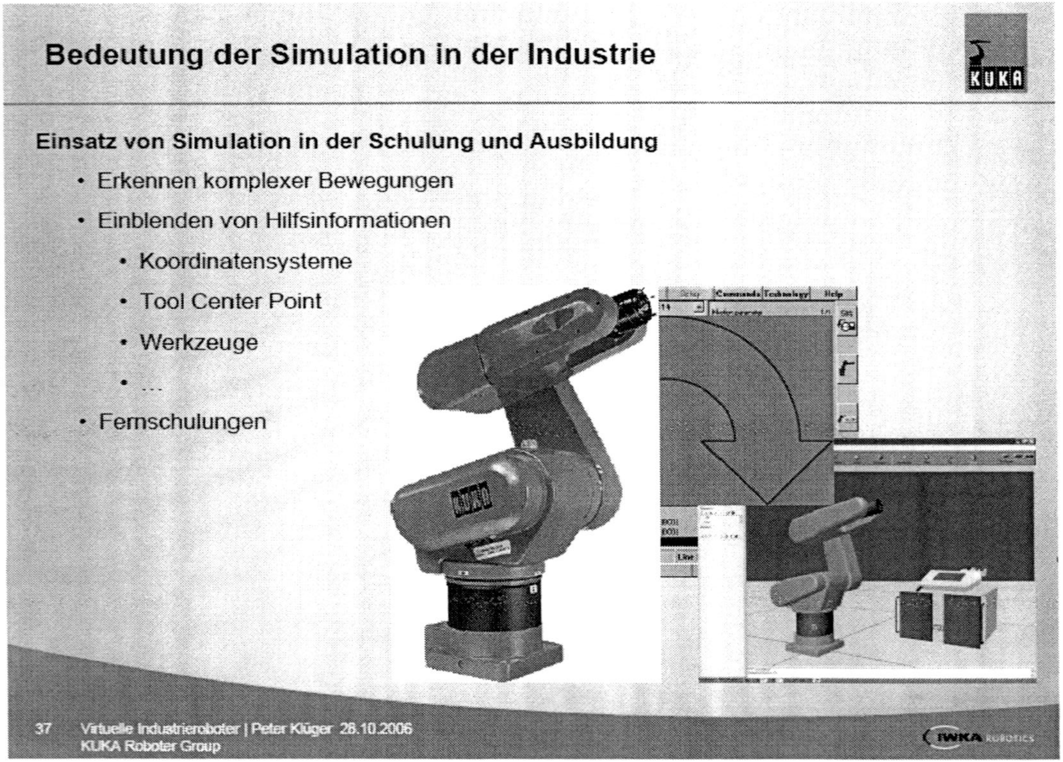

Bedeutung der Simulation in der Industrie

Einsatz von Simulation in der Schulung und Ausbildung

- Erkennen komplexer Bewegungen
- Einblenden von Hilfsinformationen
  - Koordinatensysteme
  - Tool Center Point
  - Werkzeuge
  - ...
  - Fernschulungen

Bedeutung der Simulation in der Industrie

Chancen durch Simulation für den Hersteller von Robotern

- Simulationsmodelle neuer Roboter stehen bereits in einer sehr frühen Entwicklungsphase zur Verfügung
- Test des „virtuellen Roboters" durch die Anwender speziell im Bereich Anlagenplanung und Anlagenbau
- Wirklichkeitsnahe Produktdefinition durch frühzeitige Rückmeldungen aus dem Markt
- Absicherung von Konzepten

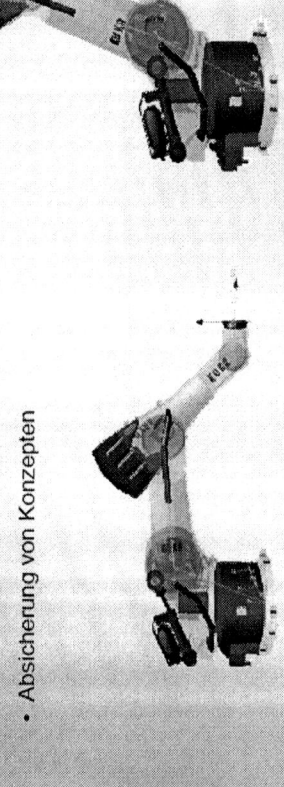

Herausforderungen für den „virtuellen" Roboter

Herausforderungen bei Simulation und Offline-Programmierung

- Einfache Kalibrierung der realen Anlage mit einer Genauigkeit von ± 0.1mm
- Vertretbare Kosten der Kalibrierung durch den Anlagenbauer
- Einfacher Maschinentausch im Fehlerfall und erneute Kalibrierung der Maschine
- Absolut-Genauigkeit der Roboter
  - Im gesamten Arbeitsbereich ca. ± 0.7mm
  - Im eingeschränkten Arbeitsbereich ca. ± 0.3mm
- Genaue Definition der zulässigen Prozess-Toleranzen
- Simulation des Prozesses
- Berücksichtigung von Vorzugslage und Prozesszeiten

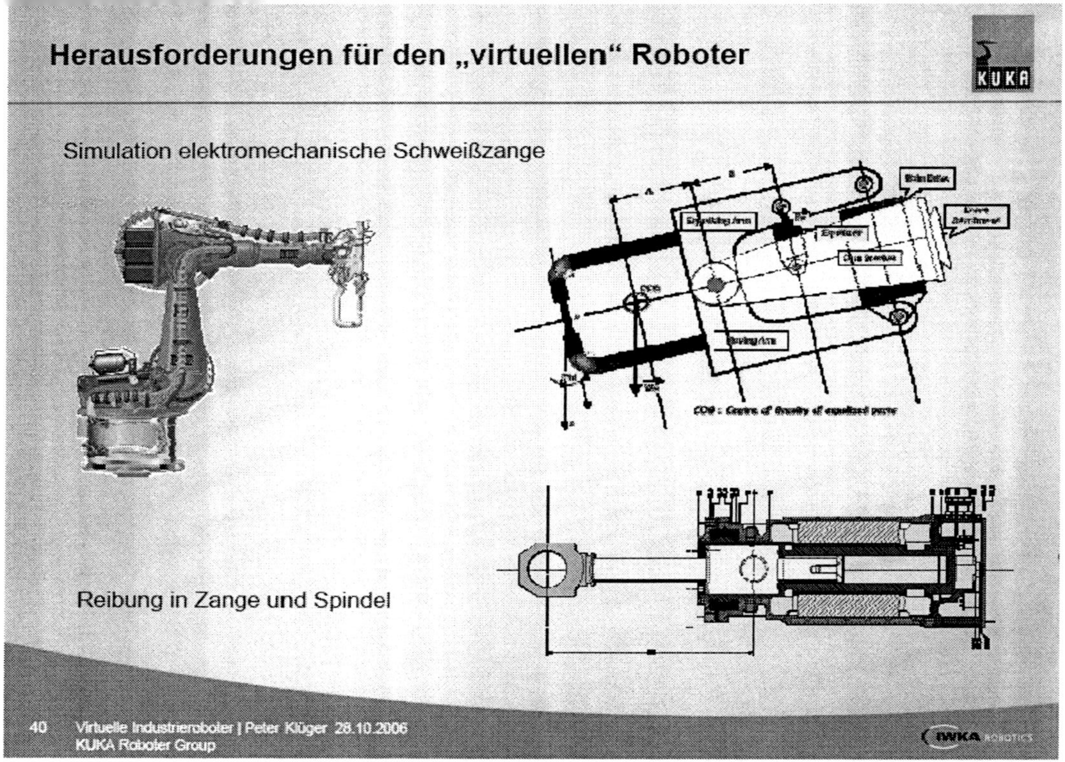

Herausforderungen für den „virtuellen" Roboter

Simulation elektromechanischer Schweißzange

Reibung in Zange und Spindel

Herausforderungen für den „virtuellen" Roboter

Simulation biegeschlaffer Teile

Energiezuführungen

Prozess-Optimierung in der Anlage

- **Optimierung von Roboterprogrammen bei laufender Produktion**
  - Bauteiltoleranzen ändern sich im Produktionsbetrieb
  - Roboterkenntnisse bei Bedienpersonal gering

- **Konventioneller Ansatz**
  - Manuelles „Nach-Teachen" von Punkten durch Roboterexperten
  - Im Hinblick auf Kosten (=> Anlagenstillstand) und Reaktionszeiten unbefriedigend

- **Grafik-gestützte Programmierung**
  - Intuitive Darstellung von Roboterbahn, Bauteil und ggf. Roboterzelle
  - Offline-Optimierung von Bewegungs- und Technologieparametern
  - Simulationsdurchlauf zur Verifikation
  - Überschreiben des Programms auf der Robotersteuerung

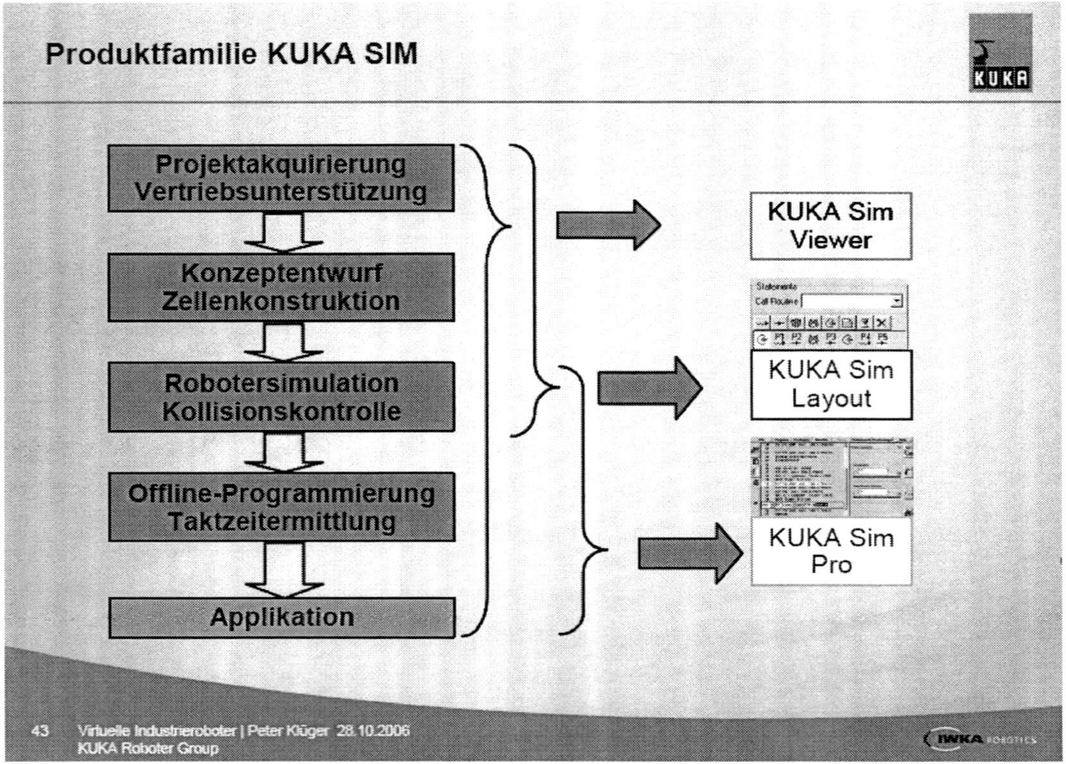
Produktfamilie KUKA SIM
Projektakquirierung
Vertriebsunterstützung
Konzeptentwurf
Zellenkonstruktion
Robotersimulation
Kollisionskontrolle
Offline-Programmierung
Taktzeitermittlung
Applikation
KUKA Sim
Viewer
KUKA Sim
Layout
KUKA Sim
Pro
43 Virtuelle Industrieroboter | Peter Klüger 28.10.2006
KUKA Roboter Group

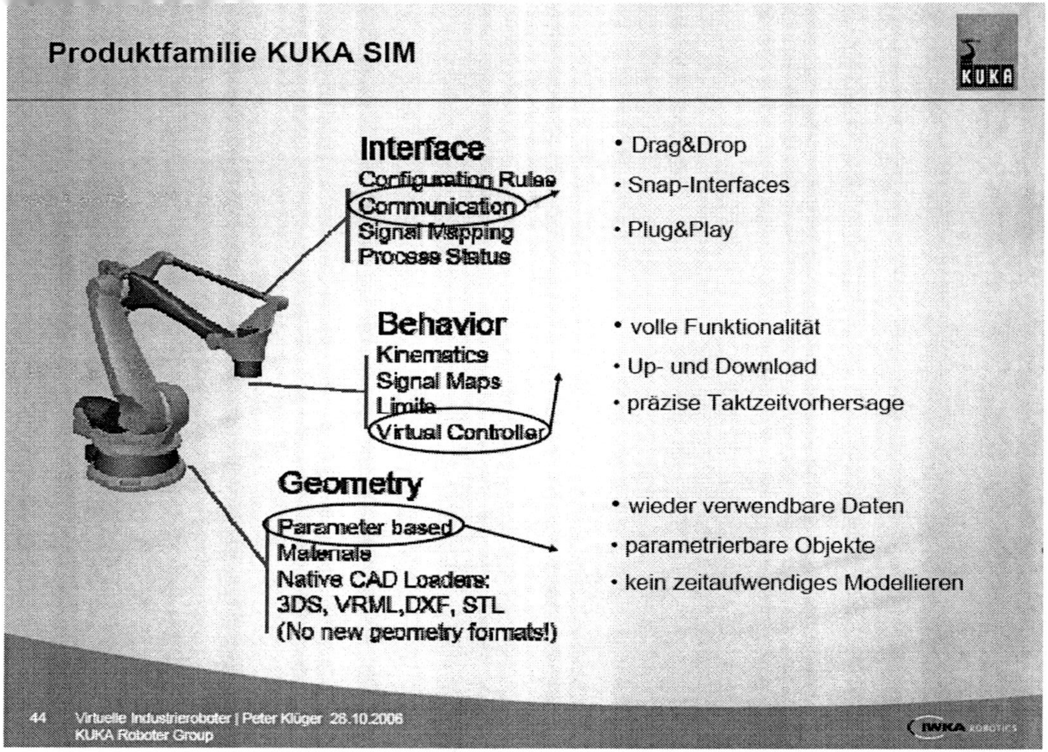

Produktfamilie KUKA SIM

Interface
- Configuration Rules
- Communication
- Signal Mapping
- Process Status

- Drag&Drop
- Snap-Interfaces
- Plug&Play

Behavior
- Kinematics
- Signal Maps
- Limits
- Virtual Controller

- volle Funktionalität
- Up- und Download
- präzise Taktzeitvorhersage

Geometry
- Parameter based
- Materials
- Native CAD Loaders: 3DS, VRML, DXF, STL
- (No new geometry formats!)

- wieder verwendbare Daten
- parametrierbare Objekte
- kein zeitaufwendiges Modellieren

Virtuelle Industrieroboter | Peter Krüger 28.10.2006
KUKA Roboter Group

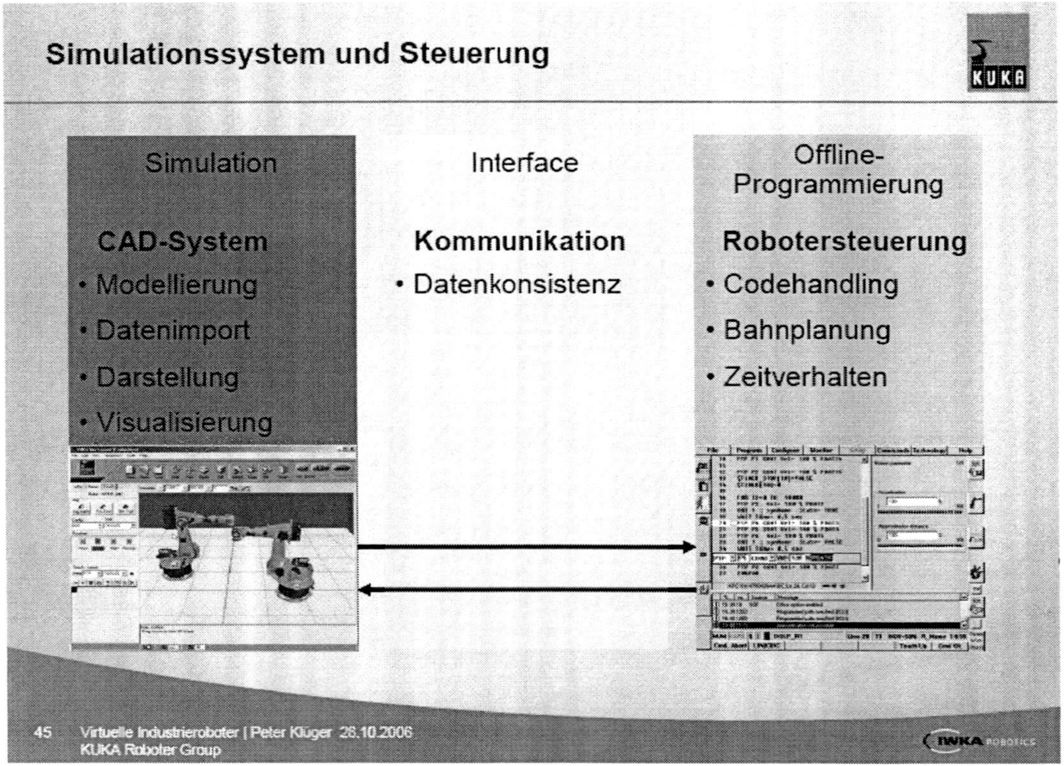

Simulationssystem und Steuerung

Simulation

CAD-System
- Modellierung
- Datenimport
- Darstellung
- Visualisierung

Interface

Kommunikation
- Datenkonsistenz

Offline-Programmierung

Robotersteuerung
- Codehandling
- Bahnplanung
- Zeitverhalten

45 Virtuelle Industrieroboter | Peter Kluger 28.10.2006
KUKA Roboter Group

Simulationssystem

- Zellen-Layout
- Modellieren: einfache CAD-Modellierung, Änderung von Darstellung und Position
  - CAD Import und Libraries
  - Erreichbarkeitsuntersuchung
  - Visualisieren von Roboterbewegungen ohne Syntax zu programmieren
- Kollisionsüberwachung

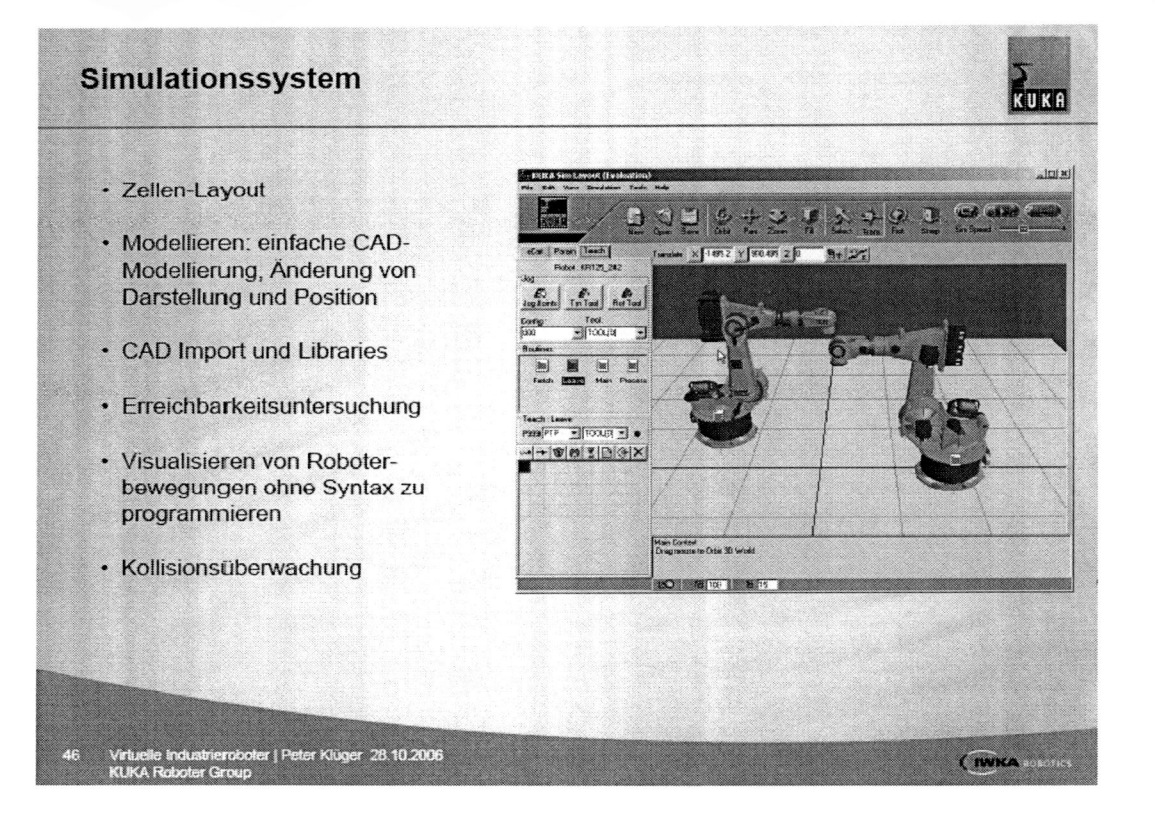

Interface - Realistic Robot Simulation (RRS)-Standard

- **Motivation**
  - Hochrealistische Simulation von kompletten Fertigungsanlagen
  - Projekte RRS-I und RRS-II unter starker Beteiligung der Automobilindustrie
- **RRS-I „Robot Controller Simulation" (RCS)**
  - Original-Bewegungssteuerung der Roboter als Simulationsmodul
  - Standardisierte Schnittstelle für Roboter- und Simulationshersteller
  - Hochgenaue Voraussage von Roboterbahnen und –bewegungszeiten
  - RRS-I Standard hat sich in der Praxis erfolgreich bewährt
- **RRS-II „Virtual Robot Controller" (VRC)**
  - Komplette Original-Steuerungssoftware der Roboterhersteller
  - Exaktes Zeitverhalten auch der I/O-Kommunikation
  - Gesamte Funktionalität der jeweiligen Roboterprogrammiersprache
  - Simulation von SPS und Roboterperipherie
  - RRS-II Standard ist in KUKA SIM implementiert

Offline-Programmierung

- Erzeugen von Robotercode
- Up- und Download
- Realistische Bewegungsplanung
- Sehr exakte Taktzeitanalyse
- Simulation von weiteren Kinematiken (z B. Greifer, Schweißzangen, Fördersystemen)

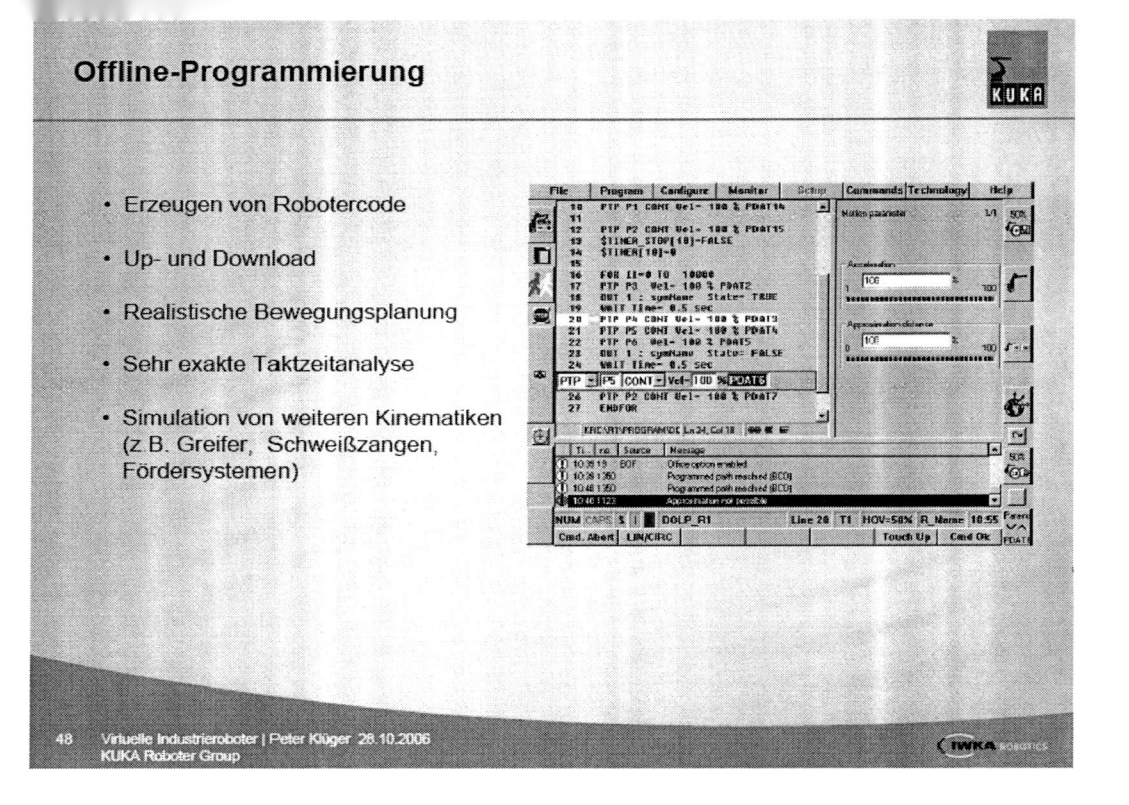

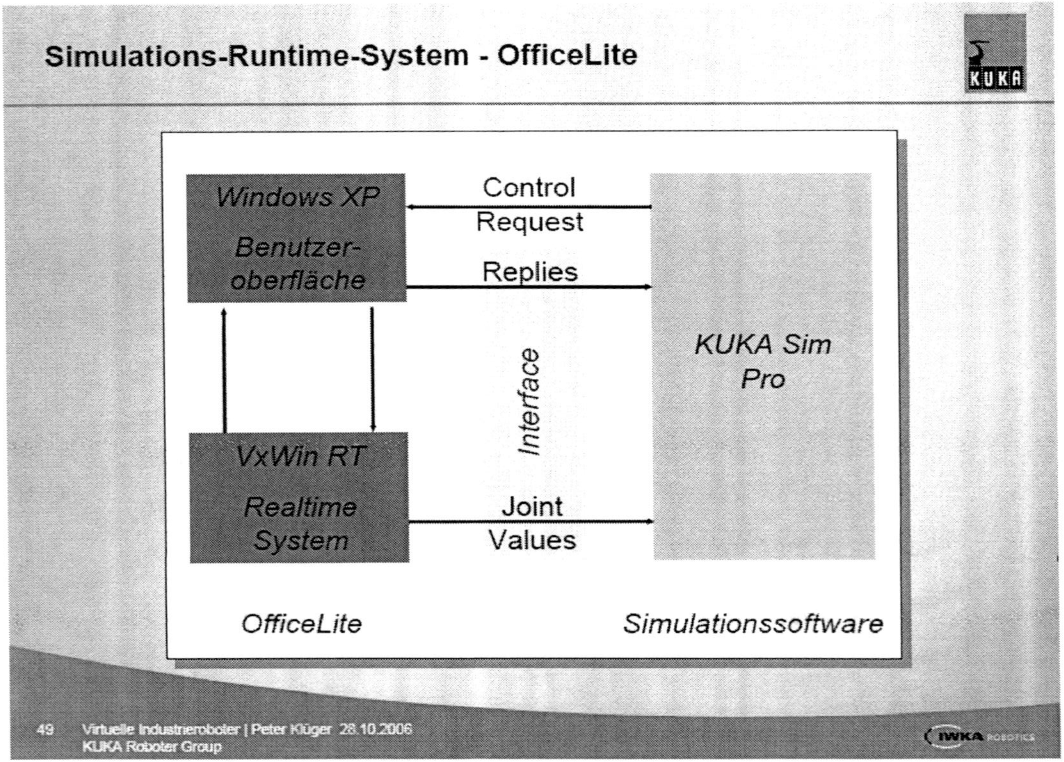

Simulations-Runtime-System - OfficeLite

```
                    ┌─────────────────┐
                    │                 │
                    │   KUKA Sim      │
                    │     Pro         │    Simulationssoftware
                    │                 │
                    └──┬───────────▲──┘
         Control │    │           │  Joint
         Request │    │ Interface │  Values
         Replies │    ▼           │
                    ┌──────────┐   ┌──────────┐
                    │Windows XP│◄──│ VxWin RT │
                    │Benutzer- │──►│ Realtime │
                    │oberfläche│   │  System  │
                    └──────────┘   └──────────┘
                         OfficeLite
```

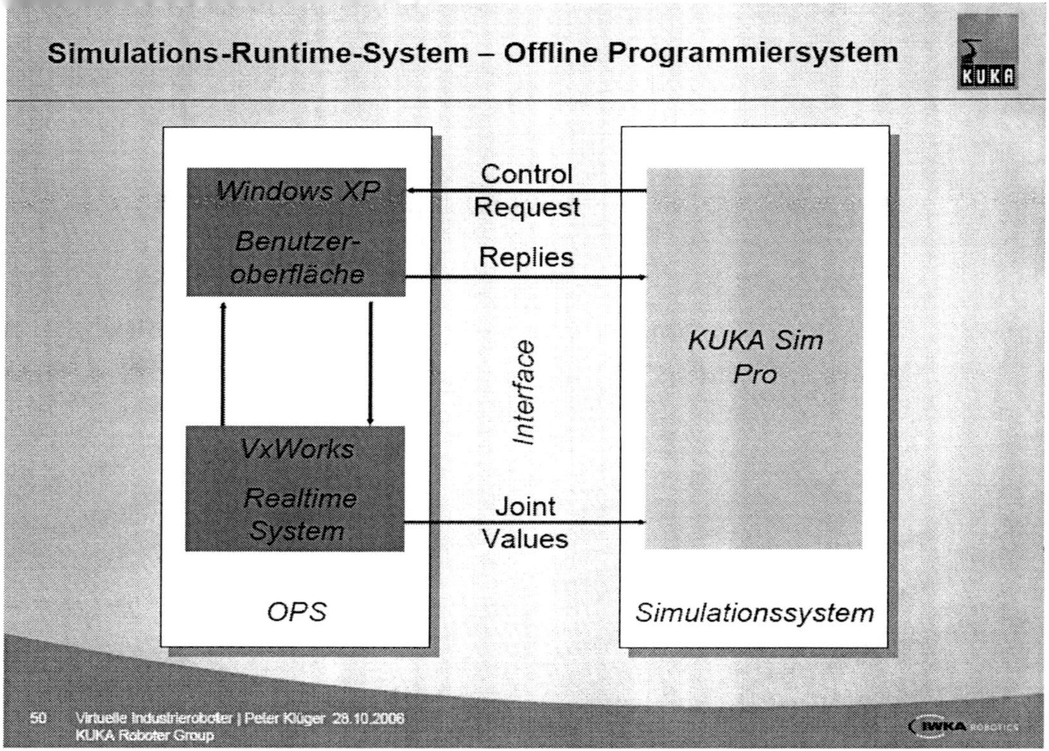

Simulations-Runtime-System – Offline Programmiersystem

KUKA Sim Pro

Simulationssystem

Control Request
Replies

Interface

Joint Values

Windows XP
Benutzeroberfläche

VxWorks
Realtime System

OPS

Vortrag	6

Harald Görtz
THALES Defence Deutschland GmbH
Direktor Standort Koblenz-Deutschland
Bereichsleiter Simuation & Defence Services

»Computer Generated Forces (CGF) in der militärischen Führerausbildung«

Harald Görtz

THALES

Lebenslauf

Jahrgang 1954	
1980	Eintritt in die Thales als Serviceingenieur Bereich Radartechnik
1986	Wechsel in die Automobilzulieferbranche Bereich Robotik Niederlassungsleiter für 2 Jahre in Neuseeland
1990	Zurück zur THALES; Verantwortlicher Manager für Test & Integration in einem Internationalen Radarprogramm (4 Jahre in Paris)
1994	Wechsel innerhalb der THALES nach Koblenz; Verantwortlich für Geschäftsentwicklung und neue Projekte
Ab 01/ 2005	THALES, Koblenz Geschäftsbereichsleiter Simulation&Defence Services Deutschland
Seit 10/2005	THALES Direktor Standort Koblenz und Geschäftsbereichsleiter Services Division

Die Herausforderung

Die deutsche Bundeswehr, aber auch alle mit uns verbündeten Streitkräfte, befinden sich mehr und mehr in Auslandseinsätzen, an die vor etwas mehr als 10 Jahren noch keiner gedacht hätte.

Die neuen Herausforderungen an die Streitkräfte müssen sich einerseits in einer neuen Ausrüstung, vor allem aber auch in völlig neuen Einsatzkonzepten und damit verbunden in neuen Ausbildungsmethoden widerspiegeln.

Wurden schon in der Vergangenheit die Soldaten/innen der oberen Führungsebenen mit so genannten elektronischen Sandkästen oder auch Führungs-Simulationssystemen auf die strategische Planung und Durchführung von Einsätzen ausgebildet, so sind es heute vor allem die Soldaten/innen der unteren Führungsebenen, die eine solche Ausbildung benötigen.

Die Realität die heute in Afghanistan oder im Kongo einem jungen Leutnant, einem Unteroffizier oder einem Mannschaftsdienstgrad bei seinen täglichen Patrouille begegnen kann, ist in den klassischen Ausbildungsmethoden der Vergangenheit nur sehr schwer und kostspielig darzustellen.

Hier spielt die Technologie von „Virtual Reality" zukünftig eine besondere Rolle.

Stand der Technik heute und Ausblick in die Zukunft.

Der Vortrag wird einen Überblick über die zur Zeit eingesetzten Technologien und Simulationssysteme in diesem besonderen Ausbildungsbereich geben.

Im zweiten Teil des Vortrages werden Themen und Technologiebereiche dargestellt, mit denen zukünftig solche Ausbildungsanforderungen schneller und realitätsgetreuer umgesetzt werden können.

Leider lag der Vortrag zum Zeitpunkt der Druckfreigabe noch nicht vor. Bitte wenden Sie sich bei Interesse per Email an Antje.Plock@iff.fraunhofer.de
Vielen Dank!

Vortrag	7

Dr. Jürgen Kränert
JENOPTIK LDT GmbH
Leiter Entwicklung

»Laserprojektion in virtuellen Welten«

Dr. Jürgen Kränert

JENOPTIK GERMANY

Lebenslauf

Jahrgang 1948

1973 - 1990	tätig in der Laserentwicklung bei Carl Zeiss Jena
1990-1994	Entwicklung diodengepumpter Festkörperlaser bei Jenoptik (Gruppenleiter)
1995-2001	Mitarbeit bei der Entwicklung des RGB – Laser für Laserprojektion, Verantwortlich für Laser- und Optikentwicklung bei der Schneider Laserdisplaytechnologie AG
Ab 2002	Entwicklungsleiter bei der Jenoptik Laserdisplay Technologies GmbH

JENOPTIK
GERMANY

Laserprojektion zur Darstellung virtueller Welten

Dr. Jürgen Kränert

- **Einführung**
  - Laser Display Technologie
  - Darstellung virtueller Welten
  - Anwendungsgebiete

Einführung

Laserprojektoren von JENOPTIK LDT haben sich bei der Darstellung virtueller Welten, insbesondere in der Flugsimulation und im Planetariumsbereich durchgesetzt

Schwerpunkte der Präsentation
- Die Laser Display Technologie
- Optische Wahrnehmung und Darstellung virtueller Welten
- Anwendungen

- Einführung
- **Laser Display Technologie**
- Darstellung virtueller Welten
- Anwendungsgebiete

Prinzip

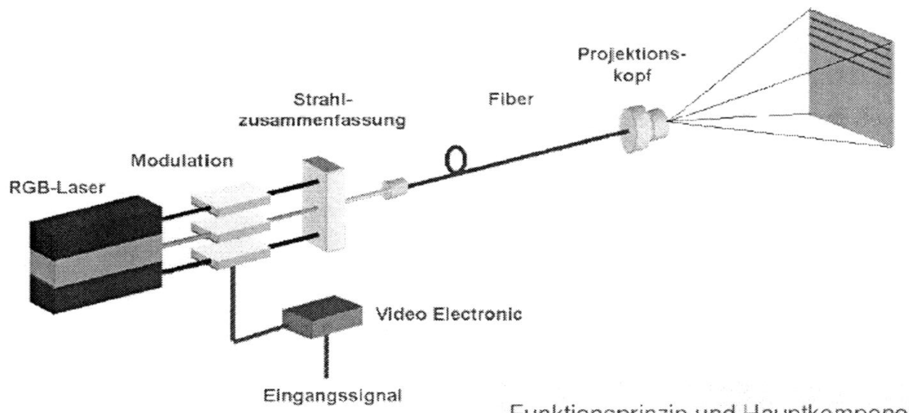

Funktionsprinzip und Hauptkomponenten

- Projektionskopf
- Fiber
- Strahlzusammenfassung
- Modulation
- RGB-Laser
- Video Electronic
- Eingangssignal

IFF VDTC 06.12.2006 JENOPTIK LDT GmbH

Laserquelle

Funktion:
- Farberzeugung
- Modulation
- Strahlzusammenfassung

Aufbau:
- einkanalig
- zweikanalig

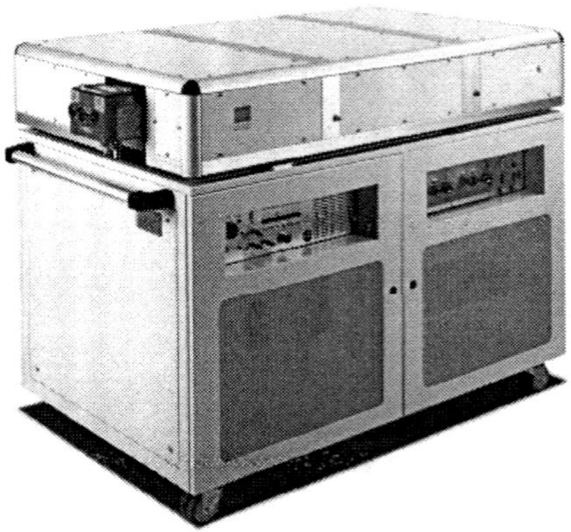

```
                                    532 nm              629 nm           446 nm
                                    ↑ 7 watt           ↑ 7 watt          ↑ 4.5 watt
                                    
                          ┌─────────┐        ┌─────────┐        ┌─────────┐
                          │frequency│        │sum      │        │sum      │
                          │doubling │        │frequency│        │frequency│
                          │         │        │mixing   │        │mixing   │
                          └─────────┘        └─────────┘        └─────────┘
                               ↑                  ↑                  ↑
                          1064 nm           1064 nm  1536 nm
                                                ↑        
                                           ┌─────────┐
                                           │   OPO   │── 3,47 µm
                                           └─────────┘
                                                ↑
                                           1064 nm
                                           ┌─────────┐
                                           │Nd:YVO4  │
                                           │Mode lock│
                                           │Oscillat.│
                                           │Amplifier│
                                           └─────────┘
                                                ↑  ⇐ 2,4 kW
                                           ┌─────────┐
                                           │Diode pmp│
                                           │module   │
                                           │Optical  │
                                           │pump powr│
                                           │at 808 nm│
                                           │100 Watt │
                                           └─────────┘
```

Prinzip:
- Dioden gepumpter Festköperlaser
- RGB Ausgangsleistung > 20 W

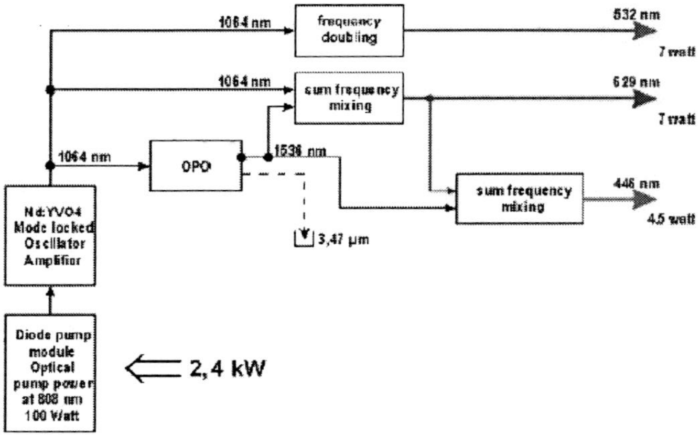

IFFVDTC 06.12.2006 JENOPTIK LDT GmbH

Projektionskopf

Projektionskopf G2

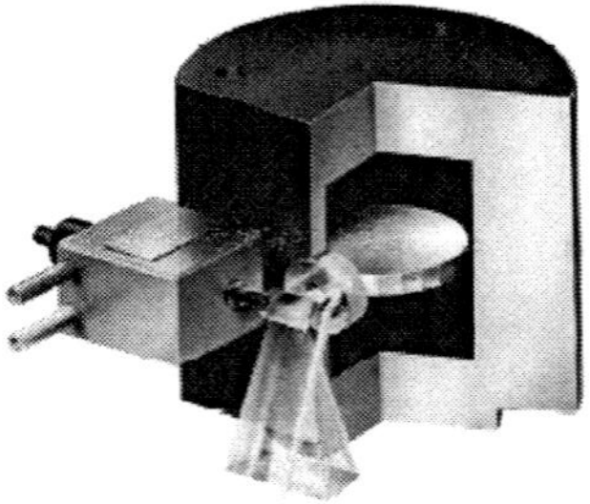

2-achsige Ablenkung

Funktion:
- zweiachsige Strahlablenkung
- Anpassung der Scannwinkel

Aufbau:
- Polygonscanner
- Galvanometerspiegel
- optional: Projektionsobjektiv

Parameter:
- Auflösung: XGA, SXGA, UXGA, HD
- Bildfrequenz: 60 Hz
- Öffnungswinkel horizontal: H26°xV20°

Diameter 8 mm

Spezialobjektive

- Minimaler Durchmesser der Austrittspupile
- Frei wählbare Winkelvergrößerung der Objektive (0.1 bis > 6)
- Optimale Anpassung für erforderliche Bildgrößen und Auflösung

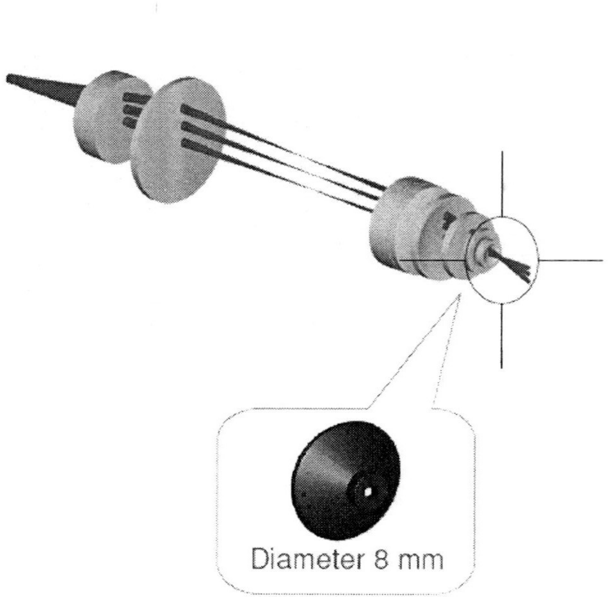

Vorteile / Farbraum

- 3 monochrome Laserwellenlängen
- Weißabgleich durch Veränderung der Amplitude
- Erzeugung von 66% der darstellbaren Farben (sRGB: 33%)

➤ Darstellung brillanterer Farben

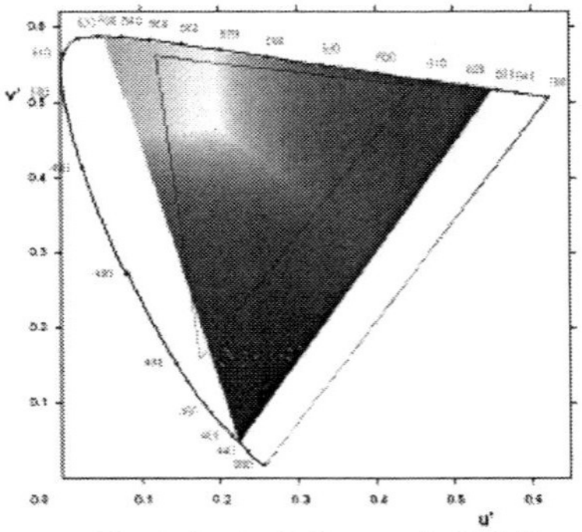

Farbdreieck Laser / sRGB

Weißabgleich D 65
- blau 446 nm: 69 %
- grün 532 nm: 95 %
- rot 629 nm: 100 %

Vorteile / Kontrast

- on/off Kontrast ca. 50.000:1
- Restlicht 0,02 lm
- ➢ Schwarz wird schwarz dargestellt

Akustooptischer Modulator

Laserstrahl → [≋] → 1. Ordnung Nutzstrahl
Video-Information → Lichtabsorber

- Modulation durch Beugung an einem optischen Gitter
- interner Kontrast: 500.000:1

Vorteile / Schärfentiefe

- Ablenkung eines kollimierten Laserstrahls
- keine optische Abbildung
- Bildpunkt entsteht durch Auftreffen des Laserstrahls auf Projektionsfläche

➢ kein Nachfokussieren

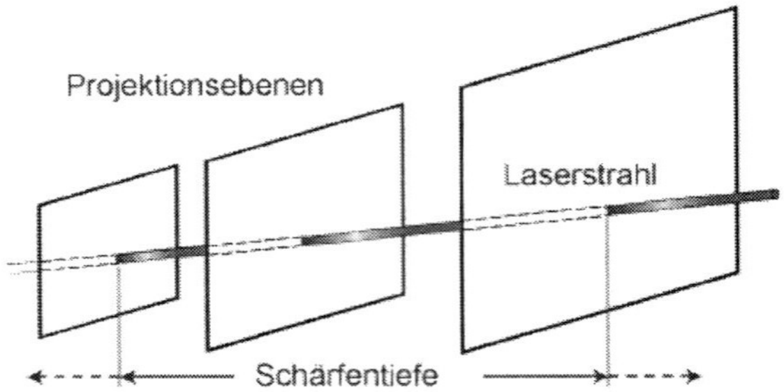

- Einführung
- Laser Display Technologie
- **Darstellung virtueller Welten**
- Anwendungsgebiete

IFF VDTC 06.12.2006   JENOPTIK LDT GmbH

Gesichtssinn des Menschen

Faktoren:
- Farbsehen
- Auflösungsvermögen
- Sehschärfe
- Zeitfaktoren (Flimmern)

Einflussgrößen
- Helligkeit
- Kontrast

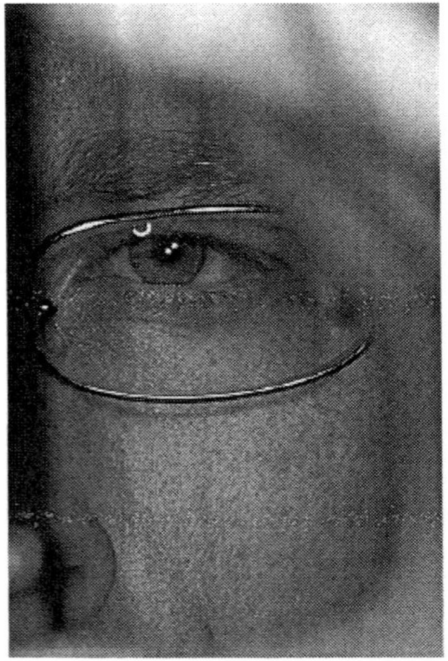

Zusammenhang Gesichtssinn - Kontrast

Potenzfunktion von Stevens:
- das Auge verarbeitet Reizintensitäten von einigen Zehnerpotenzen
- das Auge nimmt Helligkeiten subjektiv wahr
- Wahrnehmungsintensität entspricht der 3. Wurzel der Intensität

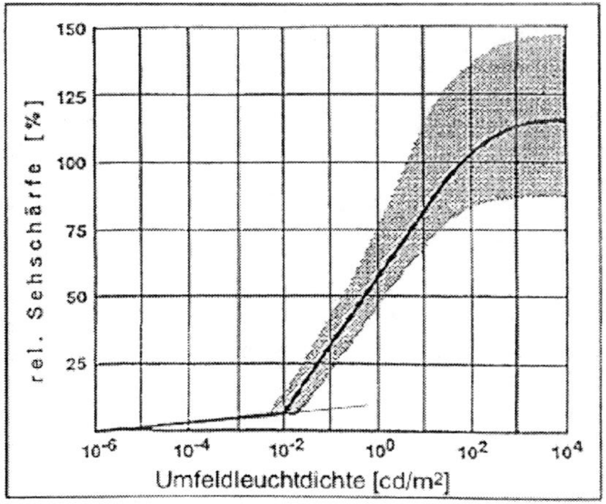

➢ Subjektiver Helligkeitseindruck entsteht durch Vergleich von Helligkeitsunterschieden
➢ Bilder mit großen Helligkeitsunterschieden werden als heller wahrgenommen
➢ Bildrate und Flimmern

Zusammenhang Gesichtssinn - Dunkellicht

Dunkellicht:
- beschreibt den Wert des Restlichts bei der Darstellung von Schwarz
- bestimmt den räumlichen Eindruck des Auges

➢ quasi räumlicher Effekt kann erzeugt werden
➢ Inhalte „lösen" sich von der Projektionsfläche

Helmholz Kohlrausch Effekt:
- Zusammenhang zwischen dargestelltem Farbraum und wahrgenommener Helligkeit
- bei konstant gehaltener Leuchtdichte nimmt die wahrgenommene Helligkeit mit steigender Sättigung zu

Farbwahrnehmung ist auch helligkeitsabhängig
- Tagsehen / Nachtsehen

➢ brillante Farben werden heller wahrgenommen
➢ optimale Helligkeit für jede Projektionsaufgabe

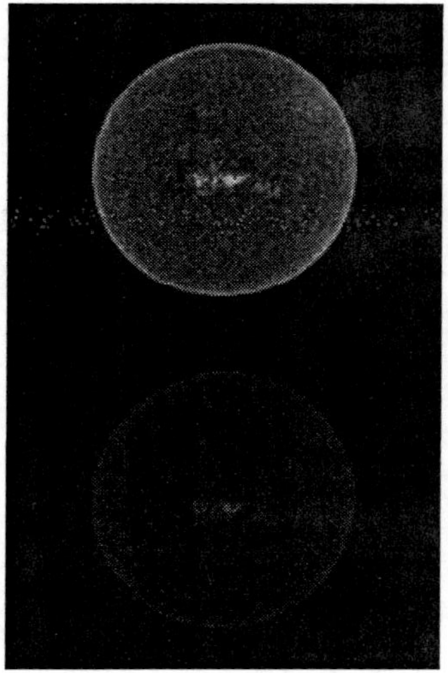

- Einführung
- Laser Display Technologie
- Darstellung virtueller Welten
- **Anwendungsgebiete**

IFF VDTC 06.12.2006 JENOPTIK LDT GmbH

mit freundlicher Genehmigung von RDE

Flugsimulation (militärisch)
- Domprojektion 6 bis 14 Kanäle
- Domdurchmesser 9 bis 13 Meter
- unterschiedliche Auflösungen und Bildgrößen

Planetarien
- Domprojektion typisch 6 Kanäle
- Domdurchmesser 9 bis 23 Meter
- Gleiche Auflösungen

Applikation – Target Projektion

Flugsimulation (militärisch)

Schnell bewegte Objekte

im Bild

Durchlichtprojektion

Flugsimulation (zivil)
- Kollimiertes Display
- Abbildung eines Zwischenbilds über einen Spiegel
- Virtuelles Bild im Abstand von 10 bis 30 Meter

weitere
- Cave-Anwendungen
- Großdisplays
- Kollimierte Displays

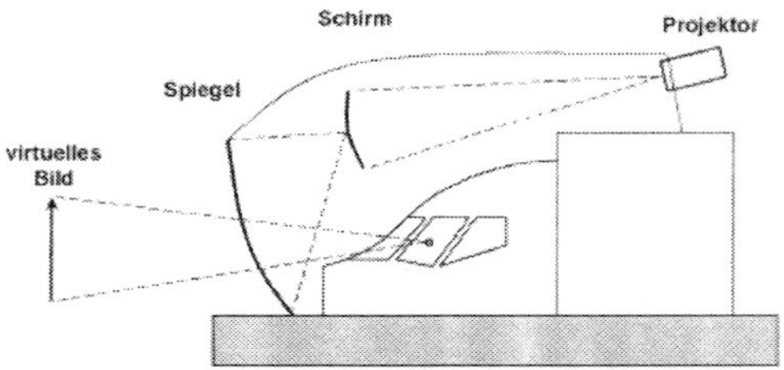

3D-Projektion

3D-Projektion mit Shutterbrille

- Darstellung mit einem Laserprojektor
- Projektorparameter und Datenquelle (Bildfrequenz 2x40Hz Auflösung XGA, SXGA)
- Mehrkanalige Projektion bei Frame-Synchronität möglich

Mehrkanalprojektion

Farbgleiche und synchrone Bildwiedergabe
- Verwendung gleicher Laserwellenlängen zwischen verschiedenen Projektoren
- Automatischer Weißabgleich über mehrere Kanäle
- Frame-synchrone Bildwiedergabe zur Vermeidung von Bewegungsartefakten

IFF VDTC 06.12.2006 JENOPTIK LDT GmbH

Zusammenfassung

Die Laserprojektion bietet
Möglichkeiten virtuelle
Welten noch realistischer
und beeindruckender
darzustellen